HOMEM COBRA MULHER POLVO

DIVIRTA-SE COM AS
DIFERENÇAS E SEJA
MUITO MAIS FELIZ

IÇAMI TIBA

HOMEM COBRA MULHER POLVO

DIVIRTA-SE COM AS DIFERENÇAS E SEJA MUITO MAIS FELIZ

INTEGRARE EDITORA

Publisher
Maurício Machado

Supervisora
Luciana M. Tiba

Coordenação, arte e produção editorial
Crayon Editorial

Ilustrações
Roberto Negreiros

Preparação de texto
Sandra Brazil

Revisão
Betina Lemos

Dados Internacionais de Catalogação na Publicação (CIP)
(Câmara Brasileira do Livro, SP, Brasil)

Tiba, Içami
Homem cobra, mulher polvo : divirta-se com as diferenças e seja muito mais feliz / Içami Tiba. – São Paulo : Integrare Editora, 2010.

Bibliografia.
ISBN 978-85-99362-45-7

1. Amor 2. Autoconhecimento - Teoria 3. Diferenças entre sexos (Psicologia) 4. Felicidade 5. Homem-mulher - Relacionamento 6. Identidade de gênero 7. Relações interpessoais I. Título.

10-00249 CDD-158.24

Índices para catálogo sistemático:

1. Diferenças entre homem e mulher : Relações interpessoais : Psicologia aplicada 158.24

Rua Tabapuã, 1123, 7º andar, conj. 71/74
CEP 04533-014 - São Paulo - SP - Brasil
Tel. (55) (11) 3562-8590
Visite nosso site: www.integrareeditora.com.br

Cada um é um...
Cada outro é outro...
Sofrer é um querer ser o outro.
Impossível é que o outro seja um...
Ninguém transforma ninguém.

Compreendendo-se as diferenças entre um e outro,
Forma-se a identidade um-outro.
Um carrega dentro de si o outro,
Enquanto o outro leva um dentro de si.

Assim, um-outro é mais saudável para resolver
qualquer sofrimento
Porque não existe vida sem dor.
Um-outro é a multiplicação do amor dos dois.
Porque o amor ajuda a superar a dor.
Um-outro amplifica a alegria e o bom humor
Porque a felicidade ilumina o triunfo da sabedoria.

IÇAMI TIBA

Este livro é uma leitura
de cenas do cotidiano, filtradas pelo bom
humor para incrementar o amor.

SUMÁRIO

MEUS PROFUNDOS AGRADECIMENTOS

À minha superesposa, **Maria Natércia**, que nestes recentes 40 anos de amor, carinho, companheirismo e cumplicidade tem me passado o quão polvo ela é e lidado tão bem com as minhas cobrices.

Ao meu filho **André Luiz**, advogado, uma excelência em ofídios, polivalente mas que realiza "uma coisa de cada vez" e que muito me ajuda e protege.

À minha filha **Natércia**, psicóloga, uma maravilha de polvo, que com seus tentáculos atende seus filhos, meus netos Eduardo (Dudu) e Ricardo (Kaká), seu marido Maurício – mais um cobra exemplar –, mais sua grande família, os amigos, os pacientes e *facebooks* da vida.

À minha filha **Luciana**, outra polvo que transforma cada tentáculo seu em cobra, preservando a sensibilidade, o carinho e o cuidado com todas as pessoas que a cercam, que de advogada se fez supervisora editorial.

Aos meus pais, profundas raízes do meu ser, que, como cobra e polvo imigrantes vencedores, regaram minha infância e juventude com coragem, ousadia, disciplina e incansável espírito de luta.

Aos meus amigos e colegas, conviventes a festejar as vitórias e amargar as derrotas, verdadeiras especiarias da minha qualidade de vida.

Aos meus "interagentes" pacientes, leitores e audiência, com quem muito aprendi sobre comportamentos polvo e cobra.

Com imenso abraço do **Içami Tiba**

INTRODUÇÃO

Mentes e almas masculino-femininas

Para quem deseja fazer-se compreender pelas outras pessoas, é fundamental deixar claros os significados atribuídos a determinadas palavras, ações, intenções, sentimentos, emoções, comportamentos ou situações. Isso, porém, não é suficiente para manter um bom relacionamento, já que este exige muito mais do que boa comunicação: exige interação. Toda ação provoca uma reação, que precisa também ser compreendida.

Assim, quando dois seres tão diferentes como o homem e a mulher se relacionam, é necessário que essas diferenças sejam muito bem compreendidas a fim de que o relacionamento seja bom.

Este livro trata justamente das diferenças entre homem e mulher em seus diversos aspectos. E para que você, leitor ou leitora, entenda bem o que desejo transmitir, explico sumariamente o que significam para mim estas quatro duplas de palavras: mente/alma, fêmea/macho, feminino/masculino e polvo/cobra.

Mente | alma – Chamo *mente* a todo processo mental que rege conscientemente o que sentimos e fazemos. Na minha visão, ela está mais ligada ao aspecto biológico do ser humano. Nem tudo, porém, é regido pela mente, e sim pela alma – que emprego aqui totalmente despida de conceitos religiosos, morais, científicos ou metafísicos. Entendo a alma como a parte desconhecida da consciência que nos faz perceber nossos sentimentos e nossas ações somente depois que sentimos ou fizemos. Assim, quanto mais a pessoa conhecer sua alma, que se liga ao aspecto psicológico, menos imprevistos sofrerá.

Fêmea | macho – Utilizo esses conceitos para me referir ao funcionamento do ser humano segundo seu determinismo biológico, que é regido principalmente pelos hormônios vitais (muito sexuais). A fêmea se comporta de acordo com seus períodos de estrogênio ou de progesterona, que se alternam ciclicamente. Já o macho tem o comportamento invariavelmente regido pela testosterona. Termos como *fêmea* e *macho* aplicam-se ao humano animal que não usa a mente, muito menos a alma. Não incluo nessa utilização da palavra macho (machista) o preconceituoso significado de o homem ser superior à mulher.

Feminino | masculino – Trata-se do aspecto humano que envolve tanto a mente quanto a alma nos sentimentos e ações. Termos como *feminino* e *masculino* distinguem o humano do animal irracional, que segue seu determinismo biológico. É o que presenteia o ser humano por meio do enriquecimento da mente e do engrandecimento da alma.

Polvo | cobra – Talvez eu esteja me apropriando indevidamente da imagem de animais tão consagrados, mas utilizá-los como metáfora é uma maneira fácil de explicar o que desejo transmitir – o que também não tem nada a ver com ofídios venenosos nem octópodes monstruosos. Refiro-me à cobra como um tentáculo desgarrado do polvo, que, por sua vez, funciona com todos os seus oito tentáculos simultânea e sincronicamente – ou seja: corte-se um dos tentáculos do polvo e tem-se a cobra, eis a ideia. Essas analogias puramente anatômicas com o funcionamento fêmea/macho e feminino/masculino surtem tanto sucesso nas palestras que realizo mundo afora que vale a pena consagrá-las como conceitos: mulher-polvo e homem-cobra. Preferi usar polvo em lugar de Medusa, figura mitológica grega que tinha serpentes no lugar dos cabelos e transformava em pedra quem a encarasse.

Neste livro, relato cenas do cotidiano que envolvem o relacionamento mulher-homem – ou fêmea-macho, feminino-masculino, polvo-cobra –, dando a elas um toque de bom humor. Afinal, a tragédia de alguns pode ser comédia para outros... Além do mais, piadas fazem bem à saúde e bom humor é sinal de inteligência.

Piadas e bom humor aliviam a dor porque liberam endorfinas – cuja composição química, similar à da morfina e à da heroína, tem efeito tranquilizante no corpo. O humor cura, pois o riso anestesia o corpo, ativa o sistema imunológico, protege contra doenças, auxilia a memória, melhora o aprendizado e prolonga a vida. Depois do riso, o pulso se estabiliza, a respiração se aprofunda, as artérias se dilatam e os músculos relaxam.

O humor é o recurso mais utilizado pelo ser humano para lidar com a dor. Já nesta introdução, sinto-me compelido a escrever que cobras falam sobre sexo contando piadas, enquanto polvos discutem detalhadamente sua vida sexual com as amigas sem a ajuda de nenhuma piada.

Divirta-se com esta leitura.
Seja mais feliz no seu relacionamento!

Propaganda enganosa, mas hormonalmente verdadeira!

Quando o cobra a viu pela primeira vez, sentiu-se tremendamente atraído por ela. O mesmo aconteceu com a polvo, que ficou impressionadíssima com ele.

Ambos sentiram na pele que algo muito diferente estava acontecendo. Adrenalina, endorfina e outras "inas" começaram a ser descarregadas no sangue. O coração queria saltar pela boca, o corpo estremecia de emoção e prazer... Até parecia que se procuravam havia muito tempo. Eis que, de repente, estavam frente a frente com a sua cara-metade, sua alma gêmea encarnada. Bastou que seus olhares se encontrassem para sentir a vontade imensa de se aproximar. Ao primeiro *oi!* que cada um deles disse, o outro se encantou com o mavioso som que envolvia seus ouvidos. A voz de um fazia o corpo do outro revirar.

Nunca na vida o cobra falara tanto nem a polvo ouvira outra pessoa com tamanho interesse. Não se cansavam de conversar. O que um dizia despertava no outro um compartilhar maravilhoso. Um assunto trazia outro, que trazia um terceiro, todos engraçados e interessantes. Parecia que só os dois existiam em meio a tantas pessoas... Nem perceberam o tempo passar.

O cobra sentia uma vontade louca de beijá-la. Entre uma palavra e outra, percebia como o corpo daquela mulher era escultural. A polvo nunca se sentira tão protegida, respeitada e cuidada por nenhum

outro homem... Falavam de tudo, menos do que realmente estavam sentindo. Mas o que as palavras não diziam os olhos já estavam transmitindo havia muito tempo.

A despedida foi um sofrimento. Não queriam que esse momento chegasse, e tudo era motivo para falarem um pouquinho mais. Como se estivessem vivendo felizes num sonho, eles não queriam acordar.

Depois desse primeiro encontro, a insegurança despertou-lhes muitas dúvidas. Ambos estavam certos de ter vivido o "amor à primeira vista", mas receavam que tudo não tivesse passado de um sonho, e que a magia não se repetisse no reencontro. O que havia entre eles era tão precioso quanto frágil e poderia ruir em um leve sopro de decepção. O cobra evitava ligar para sua amada; ele não se arriscaria a um mal-entendido que pudesse colocar a polvo como dona da situação. Ela também receava procurá-lo e parecer "uma garota muito fácil"... Uma polvo sabe que um cobra valoriza a conquista de algo que nenhum outro conseguiu, mas despreza o que lhe foi fácil obter. O grande trunfo da polvo é proporcionar ao cobra a sensação da conquista, quando, na realidade, é ela quem determina os passos dele.

Um esperava o sinal do outro. Haviam se gostado tanto que ansiavam por uma reaproximação perfeita. A polvo já ligara para todas as amigas e colhera informações sobre o pretendente com o melhor amigo dele. O cobra mergulhou profundamente em si mesmo para definir a melhor estratégia de ação, pois isso, sim, era de sua competência...

Enfim, chegou o tão esperado e decisivo reencontro. Todas as dúvidas se dissiparam no primeiro sorriso, e aqueles tormentosos momentos de expectativa sumiram para dar lugar ao clima maravilhoso que já conheciam. O que eles imaginavam ser impossível estava acontecendo: o toque das mãos, os corpos em sintonia, as energias esquentando o casal...

Foram se descobrindo e notando que tudo era ainda melhor do que no primeiro encontro. Vieram o toque, o abraço e o beijo, que marcou um novo e inconfundível momento de entrega mútua. Ele jamais colocara tanto amor num beijo, e ela percebeu quanto era desejada. A polvo o recebia dentro de sua boca, mas também já queria recebê-lo por inteiro. O cobra começava a estar dentro dela e queria cada vez mais conquistar aquele território.

O que o cobra mais desejava era ter sexo com ela, fazê-la chegar ao orgasmo nunca antes atingido, torná-la sua para sempre. A expressão máxima do amor do cobra é possuir a sua fêmea.

O que a polvo mais queria era sentir-se amada e desejada por ele, pertencer-lhe para todo o sempre. A expressão máxima do amor da polvo é cuidar do seu homem e dar-lhe muitos filhos.

Mas o cobra sabe que, para possuir a fêmea, deve cuidar dela e protegê-la, impedindo que outros cobras se aproximem. Ele tem de colocá-la em seu território, sob seu absoluto controle – ainda que deseje espalhar seus genes além do seu território, em fortuitos encontros com outras fêmeas. A polvo se excita só de sentir quanto é desejada pelo cobra. A expressão do seu amor é ter o homem sempre consigo, nos seus braços, nutri-lo, agasalhá-lo, acariciá-lo, beijá-lo e dizer muitas e muitas vezes quanto o ama.

O casamento se torna inevitável, determinando mudança radical para o cobra. Agora, ele tem de ser fiel à polvo e renunciar ao seu instinto de divulgador de genes para o mundo.

A polvo também se transforma. Manter o território em ordem passa a ser sua maior preocupação, atitude que exige também do cobra. E ele, que jamais pensara nessas coisas, tem de colaborar com a ordem, a higiene e até com a beleza de seu território.

O que talvez o cobra nem suspeite é que tudo está escrito nos seus cromossomos, na sua genética. Impelido pela testosterona, o macho procura fêmeas para espalhar seus genes mundo afora, mas nada lhe garante que a fêmea perpetuará seus genes, daí a necessidade biológica de mantê-la sob seu poder. Já para a fêmea, a descendência está assegurada mesmo que ela tenha filhos de vários pais. Para atrair o macho, ela precisa ter quadris largos que agasalhem bem a gravidez, seios fartos para alimentar os filhos dele e beleza, gerando belos machos que, por sua vez, atrairão suas fêmeas.

Mas, como a natureza deu ao homem o instinto da autopreservação, ele primeiro satisfaz as próprias necessidades e desejos para depois pensar na perpetuação da espécie. Primeiro o sexo, depois a paternidade. O que o cobra não sabe é que ele, que se sente tão conquistador, foi na verdade atraído pela fêmea no cio.

Quanto à polvo, talvez não imagine quanto ela se torna sexualmente atraente pela inundação do estrogênio, o hormônio que a leva para o cio. Sua pele fica mais sedosa, seus cabelos mais exuberantes, seus lábios mais carnudos. Ela escolhe trajes minúsculos, errantes e ousados, que cobrem o mínimo possível de seu corpo. Seus movimentos

tornam-se ondulantes, seus seios ficam mais cheios e saltam para fora de tudo o que é usado para controlá-los. Até a voz fica mais sedutora. Tudo determinado pelos cromossomos para demonstrar como ela pode agasalhar bem os genes de um macho. E eles que se cuidem, pois são escolhidos conforme sua capacidade de prover e proteger bem as fêmeas e seus filhos, garantindo sua sobrevivência. Portanto, é preciso ter ombros largos, músculos fortes, boas mandíbulas, ar inteligente, olhar esperto e competitivo, até mesmo mostrar-se agressivo para sobressair entre os demais machos.

Mesmo que, após o cio, o óvulo não tenha sido fecundado por um dos 300 milhões de espermatozoides que se lançam freneticamente à sua procura, a mulher entra na fase da progesterona e do preparo para a maternidade, que a torna menos receptiva ao macho. Quanto mais alto o nível de progesterona, mais as roupas cobrem o corpo e menos a fêmea permite a aproximação do sexo oposto. Ela fica avessa aos machos e pode tornar-se irritadiça, agressiva, depressiva e inchada. Dorme de costas para o companheiro – e ele, caso tente se aproximar, pode até levar um coice...

O cobra não tem o hormônio da paternidade, apenas o do reprodutor, portanto, ele nada compreende do que está acontecendo. Dias antes, ela até pulava em cima dele. Agora, sem que nada tenha acontecido, ela o rejeita. No seu raciocínio de causa-efeito, ele logo conclui: *ela só pode estar tendo um caso!*

Mas a polvo, utilizando um dos seus tentáculos, pode acolher o companheiro como a um filho. Ela tem pena dele, coitadinho, tão necessitado... Não custa nada "deixá-lo ir"; afinal, ele é apenas um macho que só pensa "naquilo". Se é "bom" para ele, ela também fica feliz...

Os cromossomos determinam a vida sexual de todos os animais, inclusive a dos seres humanos. Talvez a única diferença fundamental seja o "como somos" da espécie humana, que nos dá a racionalidade e, consequentemente, a inteligência, a criatividade e motivações muito diferentes das meramente biológicas. Assim, o "como somos" criou o amor, a espiritualização e a educação, transformando o simples ritual biológico do instinto sexual em uma história de amor única e verdadeira para cada casal de amantes.

A propaganda enganosa fica por conta dos cromossomos, que continuam determinando novas atrações – que, por sua vez, o "como somos" teima em chamar de paixões, romances, idílios, galanteios, sonhos, devaneios...

O homem-cobra jura eterna fidelidade, enquanto seu instinto sexual o instiga a espalhar genes pelo mundo afora. A mulher-polvo promete "dar filhos a seu homem", mas dificilmente os entrega...

Domingo chuvoso, café na cama

Um casal jovem e saudável, que acorda todos os dias na maior correria para ir ao trabalho, normalmente guarda um domingo – ou parte dele – para que ambos possam se dedicar um ao outro.

O corpo do cobra acorda na mesma hora de sempre. O corpo ignora que é domingo, que ele pode dormir até mais tarde, e já quer movimentar-se. O cérebro do cobra acordou também. Quantas vezes o cérebro despertou, mas o corpo se recusou a se levantar. E quantas vezes o corpo é que se levantou, foi ao banheiro, tomou café – e o cérebro só acordou já na mesa do trabalho?

Para o cobra, é um sacrifício continuar na cama se o cérebro e o corpo já acordaram. Ele olha a mulher, relaxada, com o corpo querendo acordar e metade do cérebro ainda dormindo. Como ela é linda! Mesmo de manhã, ao acordar...

Então passa pela cabeça dele aquela conversa de solteirões: *vá para a cama com uma princesa, mas nunca acorde com ela! Não é nada agradável descobrir a crua realidade do dia seguinte, depois que o álcool evaporou, a excitação sexual encontrou a sua realização e o desespero do "abate" já passou...*

A realidade é dura para ambos – principalmente pela manhã, ao despertar. Mau hálito, secreção nos olhos, barba crescida, cabelos despenteados. Nem falo de dentaduras e de outros que tais. O bom humor, o clima sedutor, a maquiagem, a elegância, a roupa de festa e tudo o mais se foi com a noite. A claridade da manhã mostra as sobras do que foi maravilhoso de madrugada.

Mas, afinal, é o amor dele que a torna tão linda, mesmo despertando aos poucos... Ele pensa: *Vai ser muito bom trazer o café na cama para ela. Ela vai gostar. Que ótimo se ela acordar bem, contente, feliz por receber o café na cama. Já que está chovendo lá fora, o melhor tempo está dentro de casa, só nós dois. Quem sabe depois rola alguma coisa...*

Ele então vai para a cozinha e prepara uma bandeja com tudo de que ela gosta: café, leite, adoçante preferido, geleia de damasco, peneirinha para não deixar a nata do leite passar, pães aquecidos, guardanapos, talheres. Esfrega as mãos de satisfação ao olhar a bandeja pronta. Imagina que sua obra-prima ficaria ainda melhor com aquela florzinha roubada do arranjo da sala, que ele coloca em um bonito cálice com água. Faz ainda uma última verificação e pronto: perfeito!

Entra no quarto cantarolando suavemente um *bom dia, meu amor.* Tem a felicidade estampada no rosto amante de quem serve, em uma caprichada bandeja, o néctar dos deuses à sua amada.

O coração dela se enche de ternura. Com o corpo invadido de puro amor, ela se abre num sorriso de entrega total e deixa escapar um suspiro apaixonado. E ele, que se delicia com o que está acontecendo, deleita-se ainda mais ao imaginar o que vai suceder logo depois...

Com seu olhar de polvo que vê tudo de uma vez sem praticamente mover os olhos, ela repara que falta manteiga na bandeja. Despretensiosamente, solta um suave *gosto tanto de manteiga,* como se nada estivesse acontecendo. Mas a frase solta no ar fere a organização mental do cobra. Ele sente um mal-estar, logo identificado como uma

...GOSTO TANTO DE MANTEIGA... !!
MANTEIGA... ?#@%!!!

pontada de raiva por ter sido descoberta uma falha. O cobra não admite erros, muito menos os dele. E vir dela a descoberta do erro torna tudo ainda pior. Ele sente-se como *acusado* pela polvo.

Já um tanto ríspido, reage: *Manteiga? Manteiga! Ah, sim, a manteiga.* Com seu olhar de cobra, examina a cena como se olhasse através de um tubo feito de papel. Vasculha cada centímetro da bandeja e verifica, uma coisa de cada vez, tudo o que há sobre ela. Só falta traduzir em palavras o que vê: leite, café, pão, geleia, flor (até flor!), talheres, guardanapos, peneirinha. Ele confere tudo. E não é que ela está certa? Falta a manteiga.

Gosto tanto de manteiga... Essa maneira de falar o deixa irritado. Por que ela não diz logo o que quer, em vez de ficar cheia de dedos, ou melhor, de tentáculos? Qualquer cobra diria direta, frontal e naturalmente: *você me traz a manteiga?* O que o cobra não entende é que a polvo quis poupá-lo. Afinal, ele estava sendo tão gentil, era tudo tão romântico, que ela não quis estragar o clima por causa da falta de manteiga.

O cobra, porém, reassume o comando da situação com um decidido *pode deixar, meu bem, é pá-pum e a manteiga estará aqui!* E sai rapidinho atrás da manteiga. Chega à cozinha, abre a geladeira e, com seu olhar em tubo, vê coisa por coisa: leite, iogurte, verduras, sobras de refeições bem guardadas em potes plásticos, refrigerantes, ovos – mas nem sinal da maldita manteiga.

Cobra detesta admitir que não consegue resolver problemas. Isso fere sua onipotência. Então, da porta da geladeira, ele grita, furioso: *Onde você escondeu a manteiga?*

Se estivesse atacada pela progesterona, ela responderia na mesma moeda: *Você nunca acha nada! Não acha manteiga, cuecas, meias...*

Não aguento mais viver assim. E o tempo fecharia de vez no coração dela. Mas como está sob o domínio do estrogênio, quase no cio (ovulação), ela solta um amável *pode deixar, meu amor, eu pego a manteiga.* Então, levanta-se languidamente e caminha como se estivesse desfilando em uma passarela, sedutora, com a camisola esvoaçante, deixando entrever as peças íntimas. Na cozinha, ela abre suavemente a porta da geladeira. Então, com seu olhar de polvo, como se estivesse enxergando o nada, estica um dos tentáculos e pega a manteiga: *Está aqui, amor!*

Como a polvo pode resolver tamanho problema com essa incrível facilidade? O cobra se sente mal. Fica emburrado e não quer mais tomar o café na cama. A polvo atestou sua incompetência. Ele sairia de casa para andar, refrescar a cabeça, resolver tudo e só então voltaria. E assim aquele sonho de manhã de domingo se transformaria em uma trágica manhã de domingo. Mas, por estar motivado para o amor, ele deixa de ser cobra e coloca o incidente na caixinha "imprevistos acontecem". Senta-se na cama com a mulher para saborearem juntos o café da manhã – inclusive o pão com manteiga.

E a polvo estava entrando no cio!

Orgasmo assassino

Hoje o cobra acordou cheio de disposição. Bem que ele gostaria de dar uma "rapidinha", aquela relação sexual matutina que vai no embalo do entusiasmo vesical masculino. Ela é mesmo muito rápida, sem preliminares nem repouso do guerreiro após a batalha. Daí o nome nada sensual, muito menos erótico. Na rapidinha, em geral, só o homem tem prazer. O jurássico macho experimenta, com ela, a satisfação de esvaziar os intestinos, a bexiga, o departamento sexual – e sai revigorado, pronto para mais um dia de trabalho. Para a mulher, mesmo que a transa seja boa, dificilmente ocorre o orgasmo. Sentir-se desejada pelos homens é muito gratificante. Sentir que realiza o desejo do seu querido não é o mesmo que um orgasmo, mas chega perto, bem pertinho...

Hoje, porém, o cobra quer verdadeiramente fazer amor com sua amada esposa. Então, nada de rapidinhas... Ele começa o cortejo sexual com um beijo mais terno, mais longo, quase erótico, sussurrando um delicado e musical *bom diiiia!* Um bom dia, aliás, muito diferente do habitual. A polvo, que de bobinha não tem nada, percebe que algo vai rolar.

Infelizmente, o trabalho exige sacrifícios, e marido e mulher têm de deixar o prazer para mais tarde. Levantam-se, e segue cada um para a sua labuta.

Mais tarde, ela recebe um telefonema do marido em pleno expediente. Como de hábito, ela pergunta: *Aconteceu alguma coisa? Está precisando de ajuda?* O cobra recebe muito bem tais perguntas, que indicam que a esposa está disponível para ele, e responde: *Não, meu bem, não estou precisando de nada. Estou ligando somente para dizer que te amo!* A inesperada declaração de amor faz a polvo corar; não é nada comum um cobra telefonar para a esposa no trabalho para simplesmente dizer que a ama. A vontade dela é contar para as colegas sobre o telefonema. Mas, mesmo sendo uma polvo, prefere curtir secretamente a gostosa sensação erótica que perspira sexo... E se ela contasse a alguém que era um telefonema do amante?

Quando o cobra chega em casa, encontra a mesa posta, seu vinho branco predileto em um balde com gelo, talheres de festa, tudo sob a luz de velas. As crianças dormem, e a babá está de folga. É nessas horas que ele adora que a esposa seja um polvo e reconhece a eficiência de seus tentáculos – ela conseguiu dar um jeito em tudo.

Um jurássico macho poderia reclamar: *Que escuridão é essa? Pra que as velas? Acabou a luz?* Mas o cobra jamais produziria tamanho anticlímax. Hoje, ele está mais cobra do que nunca: traçou um plano estratégico para atingir o orgasmo com a amada, e tudo caminha perfeitamente para esse fim.

Com muito tato, ele sussurra que vai ao banheiro lavar as mãos. Num *vapt* lava-se todo, tomando um banho-relâmpago, mas caprichado. E passa a colônia preferida dela para que um aroma suave paire no ar e deixe ainda mais gostoso o clima de sedução.

Como está linda a esposa naqueles trajes esvoaçantes! Cheio de desejo, o olhar do cobra é capaz de atravessar qualquer barreira, já despindo a mulher, que parece ainda mais sensual à luz das velas.

Sons se fazem desnecessários. Os corações dos amantes dançam a música de suas almas.

Então, seus corpos se tocam num abraço profundo e se envolvem num beijo longo e prazeroso. Quase dançando, vão para o quarto. Movidos por um só desejo, não usam mais palavras; a linguagem corporal se encarrega de tudo. Regidos pelo amor carnal, os movimentos são mais fortes, sem que a força seja usada. São movimentos vigorosos e intensos, ao mesmo tempo delicados e ternos, que fazem ferver todos os órgãos. Corações disparados, pulso acelerado, respiração ofegante, toda a energia sexual do universo presente ali, entre os dois, que já conhecem o caminho do prazer um do outro. Sem temores nem preocupações, entregam-se e formam um só corpo, uma unidade viva que se movimenta numa quase inconsciência cósmica.

O cobra já está em ponto de bala, mas a polvo, embora corresponda a tudo e viva intensamente o sexo, não chegou ao momento em que antecede o auge, a partir do qual o orgasmo segue-se naturalmente.

O corpo do cobra começa a gemer, mas o da polvo ainda não. Ele está em via de experimentar o "orgasmo assassino", fulminante, fatal. Algo bem diferente do já conhecido "orgasmo asmático", aquele em que o ar começa a faltar porque a respiração vai ficando curta, cada vez mais curta e sonora, agudizando-se a cada tomada de ar, até chegar ao grito final vitorioso, merecedor do mais digno repouso. Quando ele está quase na fase expulsiva, a polvo o interrompe com uma ameaça: *Se você for agora, você morre!* Então, ele se controla para dar mais tempo à esposa. Basta desviar a atenção para coisas anticlímax, como contas a pagar ou a sogra.

Finalmente, os corpos realizam o amor das almas. E o ato biológico, regido pelo psicológico e abençoado pelo espiritual, que transcende o material cotidiano e atinge o cósmico etéreo. Dois seres se tornam um.

Para o cobra, todo esse clima é muito fugaz. Seu corpo biológico sente-se exaurido e exige um sono reparador, mesmo que breve. Já na polvo, todos os tentáculos estão em êxtase; para eternizar esse momento nirvânico, eles se põem a dançar. E dançam sobre o corpo do cobra, que jaz inerte. Deslizam pelas saliências e reentrâncias, delineando o perfil do nariz, contornando os lábios, rodeando tudo, passeando entre os cabelos. Toda animada, a polvo espera, entre um e outro comentário, que o cobra compartilhe esse clima.

O cobra, porém, quer dormir. Os carinhos altamente excitantes de minutos antes o incomodam agora. Fosse ele um jurássico macho, viraria as costas para a polvo e se entregaria feliz a seu roncado sono. Mas o cobra, um homem informatizado, que ama a polvo, sua globalizada esposa, supera o seu sono antropológico e se põe a conversar sobre a relação. Ela, no maior dos entusiasmos – e ele, com o cérebro em coma.

Polvo e cobra vão ao banheiro

Quando adolescente, eu gostava de espiar os banheiros das mulheres. Meus pais ficavam zangados comigo e me chamavam de sem-vergonha. O que eles não sabiam é que eu já era um "pesquisador comportamental".

Vou fazer um relato do que aprendi estando atento a tudo o que se passava nos banheiros masculinos e femininos, acrescentando algumas situações "extrabanheiro" para tornar minhas comparações mais pitorescas.

As diferenças entre cobras e polvos já são perceptíveis antes mesmo de eles entrarem no banheiro. A caminho, a polvo anuncia em alto e bom som seu estado fisiológico por onde vai passando: *Ah, estou tão apertada!* O que sempre me intrigou era para quem ela estaria dizendo isso, já que ninguém lhe perguntara nada. Então, outra polvo, conhecida da primeira ou não, capta a mensagem e logo corresponde: *Eu também!* E lá vão as duas ao banheiro batendo o maior papo.

Ninguém consegue falar com um cobra que está a caminho do banheiro com passos largos e apressados, a cara fechada num ar agoniado e solene. Quem quiser lhe perguntar algo que dê uns toques em seu ombro. Então, o cobra para e ouve, já que andar, controlar a bexiga e conversar são coisas demais para fazer ao mesmo tempo.

No banheiro, a polvo se fecha no reservado e despe quase metade do corpo para sentar-se no vaso sanitário. Não importa o tipo de serviço a ser feito – gasoso, líquido ou sólido –, ela sempre verifica suas roupas íntimas. É por causa da menstruação, um acontecimento tão importante que usa vários verbos para anunciá-lo: "veio", "chegou", "desceu" etc. Quando a menstruação chega, a polvo faz uma caretinha e diz: *Xiii, veio!* A caretinha é porque a menstruação incomoda. Mas o incômodo seria ainda maior se era para ter "vindo" e não "veio". Realmente, é mais do que apropriado chamar a menstruação de incômodo, pois incomoda quando "vem" e ainda mais quando "deveria ter vindo" e "não veio"...

No caso de "ter vindo" e a polvo estar sem absorvente higiênico, ela entra logo em ação. Olha para cima e, sem ao menos saber quem está no banheiro, pergunta: *Alguém tem um absorvente pra me emprestar?* Sempre existe aquela polvo superorganizada, quase metódica, que coloca três absorventes na bolsa ao sair de casa. *Nada me surpreenderá!,* pensa ela. Ela empresta o absorvente sem pestanejar. Aliás, ela não empresta, ela dá. Nunca vi polvo alguma cobrar o empréstimo: *Você me devolve o absorvente que lhe emprestei ontem?*

Já um cobra faria uma conta de débito/crédito e pediria o absorvente de volta mesmo que tivesse um com ele. O que o cobra não entende é que as polvos se relacionam por meio dos absorventes, tornando-se muito íntimas. A que empresta não pede de volta, pois sabe que, se precisar, pode pedir e, sem dúvida, a outra vai atendê-la. E, assim, acabam ficando elas por elas.

Esse tipo de solidariedade, comum entre polvos, não ocorre entre cobras. O cobra que entra primeiro no banheiro vai ao último urinol. O que chega depois vai ao primeiro urinol, guardando respeitável

distância do outro. Para fazer seu serviço, o cobra se despe somente na parte que lhe interessa e não necessita da ajuda de ninguém. Em minhas observações, nunca vi um cobra pedir ajuda para nada, tampouco para urinar – muito menos vi alguém oferecendo-se para ajudar... Como seria se cobra também menstruasse? Talvez usasse "bandagens" improvisadas de papel higiênico só para não pedir ajuda nem ficar devendo nada a ninguém.

Urinar é gesto que demonstra autossuficiência, independência e poder. É também um ato lúdico, já que o cobra pode dirigir o jato para onde quiser, até mesmo fazer as bolinhas de naftalina darem voltinhas... Sem falar no barulho que ele adora fazer, alardeando seu urinar como se fosse uma torneira de jato forte em pia de ralo fechado.

Resumindo: a polvo diz o que está sentindo, pede e oferece ajuda com a maior naturalidade, enquanto o cobra quer resolver tudo sozinho. As coisas funcionam assim também fora do banheiro. Quando se perde no trânsito, por exemplo, o cobra deixa a polvo à beira de um ataque de nervos. Ele dá sete voltas no mesmo quarteirão, mas não se submete a pedir ajuda a ninguém. Fica irritado, reclama da falta de sinalização, manda as crianças calarem a boca e se recusa a ouvir os palpites da polvo; quer resolver tudo sozinho.

Se é ela quem está dirigindo (o que, naturalmente, só acontece caso seu cobra esteja doente ou inválido), não hesita em chamar logo o primeiro pedestre que cruza seu caminho: *Ei, moço!* Então a polvo faz a pergunta e repete a resposta recebida para certificar-se de que entendeu tudo direito. Agora quem passa nervoso é o cobra, pois a polvo fica perguntando as coisas para qualquer um...

Voltando à intimidade do banheiro, o cobra não se acanha de soltar sonoros avisos gasosos de que os sólidos estão chegando. Mas a polvo, que tanto fala, mesmo fechada no reservado, morre de vergonha de fazer "pum". Até para soltar uns "punzinhos" ela se atrapalha toda...

Ao sair do reservado, a polvo avança em direção à pia e ao espelho, mesmo que já estejam ocupados. Sem fazer cerimônia, ela desliza um tentáculo por cima da pia para atingir a torneira. Nesse momento, a polvo que chegou primeiro se inclina de modo a dar espaço à outra, mas sem deixar de ocupar o seu precioso espelho. Então a outra vai se acomodando e, de repente, as duas ocupam o mesmo lugar simultaneamente. As polvos parecem ignorar a lei da física, que diz que dois corpos não podem ocupar o mesmo espaço ao mesmo tempo. Pelo espelho, a polvo que lava os tentáculos olha para a outra, que passa batom nos lábios. Esta oferece o batom àquela (que, por sua vez, o aceita) e ainda comenta: *Puxa, como ficou bom em você! Pode ficar com o batom, tenho outro em casa...*

Já o cobra, quando encontra o lavatório ocupado, guarda cinco passos de distância, vira-se de lado para não importunar o outro e fica contando os azulejos. Dessa forma, ele respeita o limite invisível que existe entre dois cobras estranhos. O que chega não invade o território ocupado por outro, ou pode sair briga. Um cobra só invade o território do outro se estiver embriagado ou tiver "maus costumes". O que sofre a invasão reage imediatamente, virando-se contra o intruso e assumindo a posição de dono do pedaço. *Qual é a sua, meu?*, diz ele, ameaçando enfiar a mão no focinho do invasor. Focinho, sim, porque nessa hora o cobra vira bicho, um animal em defesa do seu território.

Em outras palavras: as polvos não veem problema em se encostar uma na outra, trocar ou mesmo compartilhar o que estiverem usando. Elas têm prazer e entrosamento para ocupar o mesmo espaço, ainda que o lugar não comporte tantos tentáculos. Já os cobras marcam território, não invadem o do outro nem querem o seu invadido. Em caso de invasão, eles reagem violentamente.

Vejamos como isso funciona fora do banheiro – num banco de praça, por exemplo. Ali está sentada uma polvo, entretida com uma coisa qualquer, até que outra chega e toma assento sem a menor cerimônia. A polvo chegante já começa a falar, ao que a primeira corresponde agradavelmente. Pronto: em minutos, as duas se tornam velhas amigas. Aí, percebendo a chegada de uma terceira e desconhecida polvo, sentam-se a meia nádega para dar espaço a ela. E esta, no meio das duas, entra no papo, como se estivesse nele desde o começo.

É pouco provável que um cobra se sente no banco em que outro já esteja. Mas, se isso acontecer, aquele que já estava sentado se levanta disfarçadamente e vai "ver as árvores". Caso sejam conhecidos, os cobras compartilham o banco, mas não se encostam nem se tocam enquanto falam. Aliás, nem se veem, pois ambos ficam olhando para a frente, como se houvesse ali um alvo a ser estudado. O papo é assim: um cobra fala, o outro escuta. Não é incrível? As polvos não entendem como é possível falar um de cada vez – quer dizer, quando um fala, o outro escuta. Acham estranho quando dois cobras começam a falar ao mesmo tempo, que um diga para o outro: *Fale você primeiro.* Isso porque polvos falam e escutam ao mesmo tempo – e ainda reparam na quarta polvo, que acabou de passar.

Quando a polvo sai do banheiro, diz à outra: *Gostei de você, apareça em casa!* Basta uma "banheirada" para se tornarem amigas íntimas.

O que aconteceria com um cobra se, depois de uma "banheirada", ele dissesse para o outro: *Gostei de você, apareça em casa.* Xiii! Nem quero imaginar...

Cobra na Fórmula 1, polvo na novela

Em casa, quem assiste a corridas de Fórmula 1 é o cobra, porque polvo gosta mesmo é de novela.

Aliás, cobra adora assistir a tudo o que envolve competição, violência, aventura, adrenalina, testosterona, explosões, perseguições, tiros, sangue, bandido e mocinho. Filmes de ação, corrida de Fórmula 1, luta livre ou boxe, campeonatos e jogos são seus programas prediletos.

Ele vibra com o desafio de chegar ao limite e pôr a vida em risco para conquistar um prêmio – dinheiro, títulos ou uma coroa de louros –, pois ganhar é o que importa. Nenhum cobra disputa um campeonato porque "o que vale é competir". Se ele entra, é para ganhar. E, quando não pode entrar na competição, ele vira torcedor. No fundo, todo torcedor se realiza por meio de seus ídolos. A adrenalina e a endorfina sobem do mesmo jeito.

Voltando à corrida, ela naturalmente interessa ao cobra enquanto seu ídolo está na pista. Agora, se for um torcedor fanático, ele assiste à prova mesmo que o ídolo não esteja correndo. É impressionante como o cobra consegue registrar tudo o que acontece: o tempo gasto no *pit stop*, a cronometragem de cada volta (com tanque cheio ou vazio, com pneus para chuva ou pista seca, com vento favorável ou contrário), o tipo de combustível utilizado, o retardatário que merece ser xingado. É tanta coisa que, para os menos esclarecidos, o cobra pode até parecer uma verdadeira polvo em ação.

Alguns cobras se envolvem tanto que chegam a ficar mais bravos do que os próprios ídolos quando ocorre um acidente, são punidos ou inadmissivelmente sacaneados pelos rivais (ou pelo próprio companheiro de equipe, o que é pior).

Mas essa conversa já nem deve mais estar interessando à polvo, que provavelmente pulou algumas linhas para chegar até aqui. E por que polvo não se interessa por corrida de Fórmula 1? Entre os vários motivos, destaco os seguintes:

- Não se vê a cara do piloto.
- Para a polvo, é preferível compor a competir.
- Essa história de corrida contra o relógio não faz sentido. O tempo, para a polvo, é totalmente subjetivo. É por isso que ela pode ficar horas fazendo compras ou falando ao telefone, mas não tem paciência de encher o tanque do carro.
- Como ela pode torcer para alguém, se todos os carros são praticamente iguais?
- Acompanhar 60 voltas na mesma pista? É muito monótono...
- O ronco dos motores atrapalha as conversas.
- Ela gosta mesmo é de novela.

Novelas foram feitas para polvos – ou será que elas se tornaram polvos por causa das novelas? Bem, essa é uma discussão para cobras. Polvo não quer discutir. O que ela quer mesmo é assistir à novela.

Não é preciso ser muito perspicaz para perceber como novela e polvo foram feitas uma para a outra. Naquele momento dramático em que o personagem vai dizer o que todo mundo espera ouvir, a cena congela. Imediatamente, um dos tentáculos da polvo congela também e é capaz de ficar dias aguardando a sequência da cena. Quando enfim aquela situação retorna à tela, o tentáculo descongela e continua a vibrar com o personagem. E assim a polvo acompanha a novela: congelando e descongelando seus tentáculos. São tantas emoções e atenções com a história que os tentáculos parecem insuficientes para resolver os problemas da vida real. Mas isso não tem a menor importância, pois ela usa seu jeitinho de polvo e o problema simplesmente desaparece.

E o cobra, quando é que ele vê novela? Quando só existe uma televisão em casa ou ele está doente e a polvo segura firmemente o controle remoto (ela não suporta essa mania que ele tem de ficar zapeando os canais). Nessa situação, com cara de desconsolado, aborrecido, coitadinho e abandonado, o cobra mira a TV; mas não enxerga nada. De repente, porém, uma cena chama a atenção dele; seus olhos se abrem, o cérebro acorda e ele começa a fazer perguntas à polvo, que já está acompanhando outra cena. Comovida com o que vê, descongelando um de seus tentáculos, a polvo não aguenta contar tudo ao cobra de maneira que ele, com sua compreensão linear, a entenda.

Ai do cobra se desandar a fazer perguntas bem no final da novela. Polvos adoram finais de novelas. Todos os tentáculos entram em ação com os amores que se concretizam, os ódios que se matam; todos se abraçam, coram, confessam tudo e recebem o perdão geral. É a dança dos tentáculos. Agora, em um momento tão sagrado como esse, em que a polvo chora e ri ao mesmo tempo, vem o cobra lhe torrar a paciência? Tem dó!

É melhor você virar para o lado e dormir, aconselha (ou adverte) a polvo. Talvez, se estiver num dia de benevolência e amor, ela diga: *Você não quer ler este romance? É lindo...*

Se pelo menos fosse um livro de aventuras, suspira o cobra ao se preparar para mais uma sonequinha.

Eliminações líquidas

É noite de sexta-feira. Ouve-se o ruído de uma chave arranhando nervosamente a fechadura do lado de fora. Um, dois, três segundos e o homem entra feito ventania pela porta da casa. Ele vem do chopinho semanal com os amigos; apertado, só pensa em correr para o banheiro. Não espere que ele diga *oi, querida,* que pare para saber como foi o dia da família nem que dê um beijo nas crianças. Caminhando com o olhar fixo e a passos largos, comporta-se como a cobra que trava a mira em sua presa e desliza para dar o bote. Segue em frente, com ou sem pedir licença, atropelando filho, cachorro, visita e tudo o que esteja no caminho até seu alvo.

Que aguarde quem quiser falar com o cobra nesse momento crítico, pois a mente dele está concentrada na tarefa de levá-lo ao banheiro. Primeiro, o homem tem de satisfazer as próprias necessidades fisiológicas para então estar disponível para os outros, inclusive os filhos. Há uma remota possibilidade de ele responder a um chamado agora, mas isso o fará interromper sua marcha. Como vimos, andar, conversar e controlar a bexiga são atividades demais para o cérebro do homem-cobra realizar ao mesmo tempo.

Há entre homens e mulheres uma expressiva diferença no que diz respeito ao comprimento da uretra (o canal que liga a bexiga ao mundo externo). O homem, que tem o canal mais longo, tolera menos a vontade de urinar. Não é preciso ser muito observador para perceber que os meninos, quando têm a bexiga cheia, ficam dando pulinhos aflitos. Já as meninas ficam quietinhas, contraídas, as pernas em nó. Seguram tanto sua vontade que, às vezes, acabam carregadas até o banheiro pelos pais.

É típico do comportamento feminino satisfazer as necessidades dos outros antes das próprias. Ao contrário do homem-cobra, que focaliza seu objetivo e ignora todo o restante, a mulher-polvo faz várias coisas ao mesmo tempo e, com seus tentáculos, controla tudo o que a rodeia. Mesmo apertada, a polvo se enrosca em um de seus tentáculos com alguém para bater aquele papinho breve de 15 minutinhos ou até para atender ao "filhinho" de 20 anos. Para onde ela estava indo mesmo? Ah, sim, ao banheiro. Há mulheres que se controlam tanto que a vontade de urinar até "passa". Como se fosse possível fazer o xixi voltar até a bexiga e ficar lá, armazenado, à espera de um momento oportuno.

Adiar as urgências da natureza é impossível para o homem. Não é que eu queira defender a espécie, mas diante dessa vontade incontrolável pode não dar tempo de levantar o assento – nem talvez de perceber que o vaso está tampado. Por isso é que o homem urina fora do vaso às vezes. Mesmo sendo cuidadoso, ele não consegue evitar que o impacto de seu poderoso jorro contra a louça ocasione respingos – gotículas que, para as mulheres, são do tamanho de poças e deixam o banheiro simplesmente imundo.

O cuidado com o vaso sanitário, aliás, é fundamental para a mulher. Num banheiro público, ela forra com papel higiênico tudo o que seu corpo possa tocar. Se não há papel, então, ela nem ousa sentar-se. Apenas paira sobre a privada, agarrando com extremo cuidado as roupas e a bolsa para que nada entre em contato com aquela imundície. As mais cautelosas se escudam com um lenço de papel para tocar a válvula de descarga e até o trinco da porta, pois nunca se sabe quem andou botando a mão nessas peças...

É bem diferente o modo como homem e mulher encaram o ato de urinar. Ele adora fazer barulho, espuma e muitas bolhas. O poder de dirigir o jato para onde quiser – acertando o sachê perfumado na borda do vaso, por exemplo – é sua glória. A mulher não – ela disfarça o barulho. Se souber que há alguém por perto, ela abre a torneira, liga o chuveiro, o rádio, o secador de cabelos. Só de imaginar que sua intimidade pode estar sendo ouvida do lado de fora, ela já cora de vergonha.

O homem não faz a menor cerimônia para desaguar ao lado de um estranho no banheiro público. Que cobrinha, afinal, não disputou o troféu de "jato mais longo" ou "melhor pontaria" com outros garotos? As polvinhos detestam essas coisas de moleque, reforçadas nesse ponto de vista pelas mães, tias, avós...

Assim são o homem-cobra e a mulher-polvo em matéria de eliminações líquidas. O que para ela é adiável, íntimo e higiênico, para ele é urgente, público – e tanto faz o momento ou o lugar. De pé, atento ao seu jato urinário, ele faz seu serviço, totalmente desligado do lugar onde está, se em um banheiro, no pneu de um carro qualquer (mesmo que seja o dele), atrás de uma árvore...

Família feliz no *shopping*

Um domingão frio e garoento era tudo o que ele queria para ficar esparramado no sofá o dia inteiro. Depois de ler os jornais, nada como ver todos os programas esportivos e filmes de ação da TV. Com a barba por fazer, usando seu moletom mais surrado e bebericando uma cervejinha antes do almoço, ele desfruta seu merecido ócio de fim de semana.

Para ela, porém, o domingo não tem nada de relaxante. As crianças estão impossíveis, presas no apartamento e sem nada para fazer. Não há o que pare arrumado em casa. E, só de pensar em encarar a cozinha para fazer o almoço, ela sente calafrios. Ali, não, panelas hoje não!

Então ela tem uma ideia salvadora: vamos todos ao *shopping*! Isso resolve o problema das crianças – que terão onde gastar toda aquela energia – e o do almoço. Os filhos, é claro, vibram com a ideia. Quem parece não gostar muito da proposta é o marido. Conformado, porém, ele prefere fazer a vontade da família a ter de aturar choros, birras e bicos.

E lá vão eles ao *shopping* . Mal o carro embica no estacionamento, as crianças já se debatem contra os vidros, excitadas com as guloseimas e as diversões que as esperam. Atrapalhado com a barulheira, ele começa a se irritar e está prestes a pôr um fim no alvoroço com seus gritos poderosos. É insuportável para qualquer cobra concentrado em alguma atividade, principalmente dirigir, que algo o atrapalhe. E nada

QUERIDO,
DEMOREI MUITO?

atrapalha mais um cobra do que chorinhos, gritinhos, briguinhas e insistentes chamadinhos de atenção das crianças.

Felizmente, ela consegue controlar os filhos antes que o tempo feche de vez. Como um polvo, segura os meninos e lança um de seus tentáculos na direção de uma vaga que acaba de ver lá no final do corredor.

A partir daí, tudo transcorre como esperado. *Fast-food,* diversões eletrônicas que não duram o que custam, balões de gás na forma de bichinhos, gritarias, broncas, abraços apertados em retribuição a brinquedos longamente desejados. Quando a fúria consumista dos filhos parece aplacada, é hora de os pais apreciarem as vitrines. Para melhor administrar a situação, a mãe, "naturalmente", fica com a filha e o pai, é claro, com o filho.

A mulher logo enrosca numa loja, atraída pelos vestidos m-a-r-a-v-i-l-h-o-s-o-s da vitrine. O homem caminha mais um pouco, até que focaliza, com seus olhos de cobra, uma camisa em oferta. A mente dele começa a funcionar freneticamente: relação custo × benefício da compra da camisa; hipótese de compra A, à vista com desconto; hipótese de compra B, com o cartão sem juros; hipótese de compra C, três cheques pré-datados. De tão concentrado, ele não percebe o sumiço do filho, que foi atrás do balão de gás desgarrado. Depois de finalizar um complexo raciocínio e concluir que a compra deve ser deixada para outra ocasião, o cobra se dá conta da ausência do filho. Foi assim que ele perdeu o garoto no parque de diversões, na praia, no supermercado... Agora, é melhor correr e encontrar o menino antes que a esposa apareça, pois se há coisa que polvo não admite de forma alguma é que alguém possa perder seus filhos. Ela, desesperada e em pânico, pode armar a maior confusão, e o cobra detesta se ver metido em escândalos e chamar a atenção em público, ainda mais em um *shopping*.

Enquanto isso, a polvo põe seus tentáculos em ação na loja. O tentáculo 1 alisa o lindo vestido da vitrine. O tentáculo 2, como um radar, repara que a vendedora se aproxima. O tentáculo 3 vasculha o ambiente para ver o que as outras clientes estão vestindo, o 4º está de olho na filha, o 5º verifica se o marido está por perto, o 6º já percebeu uma seção de bolsas no fundo da loja, o 7º procura o provador e o 8º está de prontidão para imprevistos. Em meio a tantos afazeres, ela ainda se pergunta por um instante se o marido estaria olhando o menino direito. Afinal, polvos jamais perdem os filhos. Mas, se isso acontecer, ela não temerá as críticas do marido; sua prioridade será procurar as crianças.

Depois de passar alguns minutos dramáticos, o homem encontra o filho em prantos, rodeado por seguranças e mães compadecidas. Para o cobra, basta: o passeio termina aí. Ele agarra a mão do menino e se põe a procurar a outra metade da família. E depara com a mulher ainda na mesma loja – que, por sinal, parece estar sendo desmontada. São pilhas de vestidos, calças e blusas sobre o balcão. Dona polvo não faz a menor cerimônia em provar tudo que é roupa. E a vendedora, na verdade, nem parece incomodada com isso; ela e a freguesa se tornaram amigas, já contaram uma à outra sobre filhos, maridos etc.

Essa mania da mulher de experimentar tudo e sair sem comprar nada deixa o homem tão constrangido que ele nem gosta de acompanhá-la às lojas. Mas quando isso é inevitável ele fica lá, tomando cafezinhos, impaciente e emburrado. Imagine se ele tem a cara de pau de mandar as prateleiras virem abaixo e sair de mãos vazias! Agora, quando ele decide fazer compras, é para renovar o guarda-roupa inteiro de uma só vez – e não ter o trabalho de comprar nada por um bom tempo. O homem não entende por que a mulher recusa uma roupa de caimento perfeito só porque não se sentiu bem nela. E pensa consigo: *Como fui cair nessa de fazer compras? Sou uma besta mesmo!*

Até que a mulher resolve ir embora da loja. E sem comprar um alfinete. *Imagine passear no shopping e não fazer umas comprinhas de nada,* ela protesta. Ele a olha com ar de perplexidade. Para ele, passeio é passeio e compras são compras. Definitivamente, não dá para entender as mulheres.

No carro, de volta para casa, alheias a essa discussão, as crianças dormem um sono reparador.

Eta família feliz!

Com os filhos, em casa e no escritório

A polvo está a pleno vapor no trabalho, usando todos os seus tentáculos, quando o telefone toca. Pelo toque ela já sabe: são seus filhos! *O quê? Vocês brigaram? Põe ele no telefone!*, diz a polvo, e a seguir dá uma bronca daquelas, mais um castigo, no filho mais velho. Desliga o telefone com a sensação de dever cumprido.

O que nem passa pela cabeça dela é que acabou criando uma confusão danada, pois o filho mais velho enfiou de novo a mão naquele que telefonou – além de não cumprir o castigo, já que ninguém estava lá para vigiar...

O cobra, por sua vez, está trabalhando com toda a sua atenção em tubo focada num relatório quando toca o telefone. Ele já se irrita por ter de interromper a tarefa para atender a chamada. E qual não é sua surpresa quando descobre que são seus filhos! *O quê? Vocês brigaram? Alguém morreu?* O que o cobra quer dizer é: se quem liga é quem apanha, e se quem apanha morreu, morto não vai telefonar para ele, que está trabalhando, "sustentando a família". As crianças tiram a concentração do seu relatório. Elas atrapalham a "caça" porque tossem, falam alto, querem fazer xixi ou saem correndo no exato momento em que o ancestral cobra caçador está, após longa e estratégica espera em silêncio, na maior concentração possível, pronto para abater sua presa. Isso o irrita. Então, ele nada resolve, mas encaminha a situação: *Ligue para sua mãe!*

A situação deixa claro que, para a polvo, os filhos estão acima de tudo em qualquer momento. Para o cobra, que está no escritório, o trabalho vem em primeiro lugar.

À noite, voltando para casa, a polvo se enche de ternura ao lembrar-se dos "maravilhosos filhinhos", que estavam na "paz de criança dormindo" quando ela saiu. Os problemas surgem porque eles acordam... Resolve parar em um mercadinho para comprar algumas guloseimas para os filhos, cheios de paparicos e mimos.

O cobra sai do trabalho com uma nuvem negra carregada de responsabilidades e preocupações na cabeça. No caminho, para num bar: *happy hour!* Faz como o ancestral caçador que, ao voltar da caça, reunia-se com outros caçadores para comentar o dia e até mesmo negociar suas caças e armas. As reuniões se davam em volta de uma fogueira, e polvos não eram bem-vindas. Hoje, como não existem mais tais fogueiras, os cobras bebem para entrar no clima, isto é, acender o fogo interno...

Enquanto o cobra, sem pensar em mais nada, busca aliviar suas tensões pessoais, a polvo se põe a atender a família mesmo que nada lhe seja pedido. Chegando em casa, ela corre para ver as crianças. Depois, verifica se a casa está em ordem. Na sequência, vai à cozinha preparar o jantar ou dar os últimos retoques na refeição.

Nisso chega o cobra, com líquidos acumulados no *happy hour.* Como de costume, atravessa a casa a passos largos e apressados para ir direto ao banheiro. Depois, ele se larga no sofá na frente da televisão, outra substituta do fogo de seus ancestrais, e relaxa enquanto aguarda o jantar.

E quando é que a polvo vai ao banheiro fazer seus "serviços sólidos"? Quando ela se permitir, isto é, quando seus tantos afazeres permitirem...

Primeiro vai ver onde estão as crianças. Se estiverem brincando e ela não tiver nenhum compromisso, sai sorrateiramente na ponta dos pés como se fosse fazer algo errado. Entra no banheiro, tranca a porta e senta-se. E espera... E espera... E espera... Nada de o intestino funcionar. Mas ela insiste. De dez dias não passa! Hoje tem de funcionar de qualquer jeito, custe o que custar. E ela põe força no baixo ventre. Até solta uns gemidos de esforço, mas nada... Faz as unhas e nada... Folheia uma revista e nada... Fuma um cigarro e nada... O intestino não acredita mais nela. De tanto a polvo insistir, o intestino se prepara: *Desta vez é sério... Vou ter que trabalhar!* E começam as primeiras movimentações...

Mas eis que as crianças descobrem a porta do banheiro fechada. Largam tudo e voam contra ela aos gritos, dando socos e pontapés como se estivessem morrendo... A polvo logo imagina que *aconteceu alguma coisa muito grave com as crianças* e fecha toda a fisiologia intestinal para abrir, desesperada, a porta... E lá estão as crianças, inteirinhas, sem entender a razão de tamanho desespero da polvo.

Talvez fosse esse um dos únicos momentos em que a polvo pudesse usar alguns de seus tentáculos para trucidar aqueles diabinhos, que nem deixam seu intestino trabalhar... Depois, resta-lhe negociar com os próprios intestinos. *Quer fruta?*, alguém pergunta. *Não, obrigada. Tenho aqui ameixa preta,* responde a polvo, pondo-se resignadamente a comê-la pensando: *Tomara que esta me ajude na próxima tentativa...*

Quer chiclete?, oferece outra pessoa. *Não, obrigada! Vou comer estas fibras* – ela responde, tirando o pacotinho da bolsa e mastigando, conformada, as fibras. A polvo comeria até um pedaço de madeira compensada se adiantasse. Fibras são boas para fazer o intestino funcionar... Nessas horas, como ela gostaria de ser como seu marido-cobra! De manhã, logo que ele se levanta, o intestino já funciona que é uma maravilha.

Caso a polvo fosse menos onipotente e onipresente na vida dos filhos, dando espaço ao cobra para focar sua atenção na educação das crianças, talvez não ficasse suspirando pelos cantos: *Ah! Como adoraria que um dia, pelo menos um dia, meu intestino funcionasse...*

Para qualquer um, é fácil concluir: se nem os próprios intestinos levam a polvo a sério, seriam as pessoas em volta que iriam levar?

Família feliz na praia

O sol brilha maravilhosamente nesse domingo em que o cobra e a polvo levam seus dois filhinhos à praia.

Logo ao chegar, ela tem de lançar seus tentáculos para segurar as crianças afoitas, que quase já entravam na água. Ela sabe que, em primeiro lugar, é preciso protegê-los do sol. Assim, lambuza de protetor solar os inquietos corpinhos, coroando-os com um bonezinho, tal qual uma cereja sobre o sorvete... A polvo aproveita e passa protetor também no cobra. E só então, finalmente passa nela mesma, nas partes do corpo que consegue alcançar. Depois, pede a ele – que está arrumando o território onde a família vai ficar – que passe a loção em suas costas.

Os filhinhos correm para o mar. A polvo os segue com o olhar, pois sabe que criança e água não combinam: uma engole a outra, e vice-versa, sempre. Se ela pudesse, estenderia todos os seus tentáculos para evitar os perigos que ameaçam sorrateira e ostensivamente seus amados filhinhos. Bloquearia as ondas maiores, diminuiria a intensidade do sol, afastaria as pessoas indesejáveis, aqueceria a água, impediria que um filho jogasse água no outro, provocaria a união entre os dois, faria que se dessem as mãos para proteger um ao outro – e, assim, aproveitassem o memorável passeio, registrando para sempre que tiveram uma infância feliz. Ela nunca foi à praia quando criança, o que lhe aperta o coração até hoje.

A polvo não descuida dos filhotes um segundo sequer, nem para piscar. A intensidade do sol aumenta e a brisa resseca seus olhos, que começam a reclamar, a arder e lacrimejar. Mas ela está lá, a vontade mais firme do que o corpo – que já não aguenta mais. Ela precisa fechar os olhos um segundinho... Então, lembra-se do marido.

Ele está de pé, de braços cruzados, varrendo a praia com o olhar e sentindo a brisa no corpo. É uma figura imponente: o *senhor da praia.* Ele ouve a esposa chamar: *Benhê, você fica de olho nas crianças para que eu possa fechar os olhos um pouquinho?* Ela fala em tom de súplica, para comover o marido. E ele responde: *Pode deixar, meu bem! Eu olho as crianças!* E, com seu olhar de cobra – entenda-se em tubo –, fixa os olhos no alvo: as crianças.

Mesmo tombada, a polvo não abre mão do controle. Vai perguntando ao marido: *Onde estão as crianças? O que elas estão fazendo?* Conforme o modo como o cobra responde – tom de voz, rapidez, precisão das palavras, vacilações ou humor –, ela avalia a situação. Ao mínimo sinal de anormalidade, ela abriria imediatamente os olhos para reassumir o controle de tudo...

O cobra responde de acordo com o esperado, nem percebe que a polvo desconfia de sua capacidade de cuidar das crianças. Ele continua a olhar os filhos em tubo até que, entre seus olhos e as crianças, passa algo balouçante, um tanto quanto rebolante... Aí o olhar em tubo muda de alvo. Agora, acompanha instintivamente os movimentos do novo alvo até que ele quase desapareça de vista. Mas, de repente, ele se lembra: *Xi, e as crianças?* O cobra se volta rapidamente para o ponto onde estavam as crianças. Mas onde elas estão que ele não as encontra? Sumiram... As danadas sumiram!

Pânico geral. A polvo levanta-se como se uma mola a empurrasse e corre em direção ao mar, desesperada. O mar engoliu os filhinhos dela, com certeza! Será que alguém os raptou? Seria um sequestro? Ela grita com o marido: *Faça alguma coisa!*

Mas eis que as crianças estão sentadinhas na areia fazendo buracos. A polvo as abraça como se elas tivessem se afogado e Deus as tivesse devolvido, tamanha a sua devoção... Passado o susto, ela não sossega: um dos seus tentáculos vai enforcar aquele pai desnaturado. Onde já se viu perder os filhos? Nem para olhar os próprios filhos ele serve, aquele folgado...

As crianças continuam felizes, brincando e vivendo a pura inocência de não saber dos grandes perigos que passaram pela mente da mãe, de cujos olhos brotam lágrimas de ternura, agora indiferentes ao sol abrasador...

A polvo jura que nunca mais vai confiar SEUS filhos àquele cobra desalmado.

O cobra se queixa da mulher: *Para que tanto escândalo? Encontrou as crianças? Então está bom.* Para ele, não há motivo para se preocupar com o que não aconteceu. Tudo volta a ser como antes daquele sufoco, e ele é novamente o Senhor da praia.

Tudo não passou de uma chuva emocional de verão...

Pelota de sal na comida

Cobra e polvo querem comemorar seu décimo aniversário de casamento. Afinal, é uma união que conseguiu superar as dificuldades a que tantos casais sucumbiram. Eles pensam em jantar fora, num lugar gostoso, romântico, bom e não muito caro...

O cobra quer ir só com a mulher para depois repetirem a dose da noite de núpcias. A polvo quer levar as crianças – afinal, elas também gostam de festejar. O cobra, pensando somente "naquilo", não vê motivo para levar criancinhas que nada entendem "dessas coisas". Ele não quer ficar nervoso com os filhos em um jantar de adultos. Além do mais, à noite criança tem mais é que estar na cama. Sem os filhinhos, porém, a polvo não vai; ela se sente culpada se não os levar, já que eles prometeram ficar bem comportados...

Cobra e polvo não chegam a um acordo. Para ela, parece que o marido não está feliz com a família – se estivesse, levaria junto os filhinhos... Para ele, aniversário de casamento é coisa de casal e festa de família é coisa de família. Mas o tempo passa e eles acabam superando o impasse com uma solução nem tanto ao mar nem tanto à terra: fazer um jantar comemorativo em casa. Com cozinheira contratada, à luz de velas, regado a champanhe e refrigerante e com todos os talheres e copos que uma grande ocasião pede. Assim, todos se vestem de festa para comer – na sala de jantar de casa.

P
S

Chega o momento sagrado. Todos à mesa, sentadinhos, bonitinhos, bem vestidos, "gente fina". É a fotografia de uma família feliz!

Entre aperitivos, brindes, salgadinhos e papos felizes, os pais relatam pela enésima vez como se conheceram, lembram fatos pitorescos da época de namoro, contam como foi lindo o casamento. A audiência filial, atenta e envolvida, pede bis das histórias que já conhece, mas que ainda não ouviu nessa noite.

A polvo lembra ao marido de contar sobre *aquela vez que as crianças aprontaram no passeio da escola.* Ao mesmo tempo, empurra delicadamente o cotovelo do filho para fora da mesa e, com os olhos, indica à filha para limpar a boca com o guardanapo. Em seguida, levanta-se para ver se está tudo bem na cozinha.

O cobra está com fome e já não aguenta mais tanta embromação – coisa que os outros chamam de entrada. No entanto, não ousa apressar a esposa. Até que, finalmente, os pratos quentes chegam à mesa.

Com muita desenvoltura, a polvo serve todos, caprichando no que cada um gosta mais, feliz da vida. Tem coisa mais importante para a mãe do que dar de comer aos filhos? Não poderia haver um momento mais venturoso, e ela quer curtir cada segundo, cada gole do champanhe, cada gesto, como se estivesse gravando no fundo da alma o sucesso desse jantar...

De repente, o cobra faz uma careta, irritado, e quase cospe a comida de volta no prato. Acabou de mastigar uma pelota de sal. Logo ele, que detesta sal, é o premiado do jantar! Não poderia ter sido a mulher, que gosta tanto de sal? Não. Tem de ser ele o perseguido. Houve época em que o cobra tinha pesadelos em que era atacado por pelotas de sal. Como é possível acontecer isso num jantar tão caprichado, tão especial, preparado por uma cozinheira escolhida a dedo? É intolerável. A vontade do cobra é levantar-se e ir tirar satisfações com a cozinheira, gritar para os filhos que parem com os sorrisinhos bobos e acusar a mulher de castigá-lo por não querer jantar fora com as crianças. Mas o que ele pretende mesmo é ir à cozinha resolver a situação: dispensar imediatamente a cozinheira. Para ele, o jantar acabou!

A polvo resolve entrar em ação. Com um tentáculo, controla o marido dizendo *deixe que eu resolvo isso*. Com outro tentáculo, acalma as crianças, que já estavam assustadas. Com um terceiro, conversa com a cozinheira e ganha imediatamente a cumplicidade dela, que fica atenta ao que lhe é segredado no ouvido: *Vou lhe contar uma coisa. Meu marido tem uma doença muito séria. Ele pode morrer a qualquer instante se ficar nervoso ou comer comida salgada. Ele nem sabe da gravidade da doença. Nós é que temos de cuidar dele... Você sabe, esses homens...* E dá um suspiro. A cozinheira-polvo entende os cobras; seu marido também é assim. Então, responde à patroa: *A senhora não se preocupe, pois EU vou cuidar bem dele. No que depender de mim, ele vai até sarar dessa doença.* (Ah, a onipotência das polvos...)

Assim, após breve alvoroço, todos voltam à cena felizes, como se nada tivesse acontecido.

O cobra só não entendeu por que a cozinheira se apressou tanto em trazer-lhe a sobremesa e não lhe serviu mais salgadinhos...

Birra de criança

A polvo sai para fazer compras no *shopping* com o filho e a filha. Como conhece muito bem suas crianças, antes mesmo de sair de casa ela explica: *Para que vocês não fiquem me enchendo, vou comprar um brinquedo para cada um. Para você, filho, no máximo dois!* As crianças concordam plenamente com a mãe, porém o filho pensa consigo: *Como é bom ser birrento. Não fiz nada e já consegui dois brinquedos. Estou no lucro. Como a minha irmã é bobinha! Bem feito, vai ganhar só um brinquedo, unzinho!*

Com a promessa de comprar os brinquedos no final do passeio, a polvo consegue um pouco de tranquilidade para fazer suas compras. As crianças andam atrás dela como o burrinho que segue a cenoura amarrada na ponta de uma vara; elas não veem a hora de abocanhar seus brinquedos. Com essa analogia, não pretendo sugerir que as crianças sejam burrinhas, pois o máximo que a polvo pode admitir é que seus lindos e amados filhinhos sejam vistos como "potrinhos indomáveis". Mas, sem usar a tática da cenoura, como a mãe poderia aguentar os insistentes, irritantes e inadequados pedidos (leia-se exigências) dos filhos que já ganharam seus brinquedos? Eles não teriam nada a perder e poderiam tiranizar a mãe...

Finalmente, as crianças chegam ao seu paraíso: a loja de brinquedos. A polvinho, que já havia escolhido o presente, festeja a sua boneca Barbie com novo armário completo e agradece à mamãe com um gostoso abraço. Fazendo valer a máxima *criança feliz é criança sossegada,* a menina se aquieta e sua presença passa a nem ser notada.

Já o cobrinha, que ainda não escolheu seu presente, aponta tudo o que quer. Estimulados pela visão de tantos brinquedos, os desejos dele ficam cada vez maiores. A mãe já esperava por isso, mas haja paciência! Dez brinquedos é demais até para a polvo! *Quero porque quero,* embirra o menino. Ele grita, sapateia, tapa os ouvidos com as mãos e faz cenas até bizarras para convencer a mãe de que morrerá se não tiver aquele brinquedo, o que ele *mais queria no mundo* (o equivalente ao *maior sonho de sua vida*). A intenção do filho é demover a mãe da mesquinha e insignificante ideia de não comprar o que ele quer. Para isso, usa sua "arma secreta": ridiculariza a mãe em público, transformando-a em uma neurótica e psicótica.

É importante saber que a criança faz birra porque, em geral, o brinquedo vai para o carrinho ou para a mãe carregar, ou seja, ela fica de mãos vazias, prontinha para apontar o próximo brinquedo. Dessa maneira as crianças têm satisfação em comprar, mas não em usufruir o que compram. Assim, sofrem pelo que não têm e não valorizam o que têm. O consumismo é a vitória do capitalismo!

Mas a polvo não fica parada em uma situação dessas e põe todos os seus tentáculos em ação. Um deles quer resolver o impasse, outro deseja preservar as aparências e mostrar ao mundo como o filho é educado, o terceiro repara nos transeuntes, o quarto indaga o que estariam pensando sobre seu filho (ou até sobre ela mesma), o quinto quer descarregar o ódio pela malcriação do seu queridinho... São tantas as funções e tão alto o nível de tensão que esse é um dos raríssimos momentos na vida em que a polvo se perde e é atacada pela neurose: quem faz o show é o birrento, mas quem passa vergonha e fica ruborizada é a mãe!

O equilíbrio dela é perturbado por uma visível psicose, que a leva a adotar dois comportamentos totalmente diferentes ao mesmo tempo. Para o filho, ela fala baixo, com os dentes cerrados, quase rosnando: *Para com isso! Em casa, você vai ver só!* Voltando-se para a plateia, a polvo age como se não tivesse dito nada, disfarçando com a maior naturalidade.

Amor e ódio são duas forças de imensa carga emocional que, quando dirigidas para uma única pessoa, se anulam. A polvo fica "passada" porque o birrento continua executando o seu plano de liquidar a resistência da mãe, ou melhor, de liquidar a própria mãe. Ela acaba cedendo, demonstrando que tudo o que tentou não deu certo, e o cobrinha birrento vence outra vez!

A mãe polvo acredita que conseguirá contornar a situação ou acabar com a birra porque tem muitos tentáculos à sua disposição. Ela não percebe que perde toda a autoridade ao ficar olhando para ele (seu olhar alimenta a birra) ou ficando perto dele (sua presença física no local instiga a manutenção da birra). Se ela saísse do local rapidinho, correndo até, o birrento não teria quem atingir com sua birra.

Os leitores devem ter reparado que não falei do pai-cobra. Muitos deles também não sabem o que fazer com seus birrentos – até serem atacados pelo instinto do macho jurássico e agirem de forma curta e grossa.

O cobra, com sua visão em tubo da situação, veria somente que o birrento o está enfrentando. Como alguém ousa duvidar do seu

comando? Ainda mais uma criança... Ele tem voz grossa, paciência curta e mão pesada – e, com essa mão, pegaria o birrento pelo cangote e o levaria arrastado para fora da loja, indiferente a todos os movimentos contrários e gritos lancinantes e desesperados, seja do birrento, seja da plateia, seja mesmo da mãe. A polvo sempre lamenta essa desagradável atitude do cobra... Mas a birra acaba, pois ambos deixam o local do "crime"!

Depois do incidente do *shopping*, a polvo e seus filhotes voltam para casa como se praticamente nada tivesse acontecido. Até o ex-birrento parece ter atingido a paz.

Que família feliz!

Cobra e polvo *singles*, com ou sem filhos

Por diversos motivos, muitos escolhem levar uma vida solitária: ou porque perderam a esperança de um relacionamento afetivo e sexual harmonioso, ou por julgar que esse é um estilo de vida mais prazeroso (sem responsabilidades nem compromissos), ou simplesmente porque têm dificuldades de relacionamento. Esses solitários, solteiros, descasados, são os *singles.*

Na população masculina de *singles,* temos de distinguir dois grupos: o dos cobras "antigos", que mantêm seus costumes jurássicos, e o dos cobras "informatizados", mais modernos e atualizados.

Os cobras antigos gostam de morar em *flats,* pois têm uma eficiente estrutura que mantém tudo limpo e arrumado, serviços de recepção e garagista. O *flat* geralmente tem um frigobar que ele enche de cerveja, vodca, *ice tea* e água, mas nada de *tupperware,* muito menos restos de comida. Tem também um forno de microondas para esquentar alguma coisa e uma cafeteira, equipamentos que ele mais põe em uso quando há visitas do que para si próprio. Quadros discretos e uma televisão padrão dão o toque final à decoração impessoal de um *flat* para *singles.*

Já os informatizados procuram equipar o *flat* para satisfazer caprichos pessoais. Podem arrumar um fogãozinho para preparar pratos rápidos, comprar louça e talheres sofisticados. Com fotos, quadros e objetos de seu gosto, deixam o lugar mais personalizado. Eles fazem compras em lojas especializadas, onde encontram porções individuais de congelados, saladas, sobremesas etc. O frigobar deles tem ovos, laticínios e até comida! Esses *singles* se viram tão bem que acabam alugando ou mesmo comprando um apartamento para morar, onde podem receber os filhos para dormir, comer, fazer lição de casa. E, mesmo com todas essas "aquisições", eles continuam funcionando como cobras.

Há também os *singles* que se cansam de morar sozinhos e acabam voltando para a casa dos pais, que geralmente tem um quarto disponível – aliás, o quarto que o próprio filho usava antes de sair de casa. Embora frequentemente convidadas pelos pais a voltar para casa, as polvos *singles* preferem fazer o próprio ninho. As informatizadas inclusive batem o pé: são independentes e não querem voltar a morar com os pais.

As polvos têm dentro de si o esquema referencial da vida familiar. Preferem um apartamento a um *flat* e tornam o seu ninho muito pessoal, com fotos, quadros, enfeites, arranjos, jogos americanos, talheres, copos, panelas, roupas de cama, flores, quadro de lembretes etc. Isso sem falar no banheiro, com diversos tipos de xampu, hidratantes, cremes, sabonetes especiais e produtos de maquiagem, tudo para tornar-se mais belas, mais atraentes... Como seria possível organizar tudo isso num *flat*, com as arrumadeiras a bagunçar seus pertences?

Se a polvo tiver filhos é claro que ela não vai morar sozinha. Fica com eles mesmo que tenha de brigar na Justiça. Se os filhos forem pequenos, então, ela pode morrer, mas não os larga. Nesse caso, talvez volte a morar com os pais, pois precisa trabalhar e eles, além de ajudar a cuidar das crianças, ajudam também a sustentá-las, salvando a vida de todos...

Entre típicos cobras e polvos solitárias, vemos muitas diferenças. O cobra *single* come fora ou come de qualquer jeito em casa. Atendi a alguns recém-separados que, quando preparavam alguma refeição, comiam direto da panela, em pé, na cozinha... O cobra olha a comida, não os talheres nem o jogo americano. Para beber água, não se preocupa com o recipiente – qualquer copo de requeijão serve. É o foco que importa. Já uma polvo não se sujeita a comer de qualquer modo. Ela pode até servir-se na própria panela, mas sem dúvida usa prato – e pousa-o em um jogo americano sobre a mesa. Talvez ela vá comer de bandeja no colo, sentada na poltrona na frente da televisão e com o telefone do lado, mas lá está o jogo americano. O guardanapo e o copo são sempre lembrados. A água fica mais saborosa em um copo apropriado... É a classe que importa!

Singles no supermercado

Cobras e polvos sozinhos têm um comportamento bem típico no supermercado.

O cobra adora a seção de ferramentas e aparelhos, de faça-você--mesmo, de queijos e bebidas. Dos produtos de limpeza, ele prefere passar longe, pois detesta comprar o que não conhece – a menos, é claro, que haja alguma coisa em oferta. Ao comprar comida, escolhe o que está mais barato. Não repara na validade, nas calorias, na marca. Fica louco da vida quando não encontra o que procura e prefere não levar os filhos às compras, pois eles atrapalham e ficam pedindo tudo o que ele não quer comprar.

Em um grande supermercado, certa vez presenciei uma cena interessante. Com filhos pequenos em volta, um pai empurrava um carrinho lotado de compras. Chegando à fila do caixa, ele ficou desesperado com as crianças e perdeu a paciência. Largou o carrinho no corredor e, mesmo sob protestos dos filhos, saiu de mãos vazias. Perguntei a uma operadora de caixa se aquela cena era comum. *Não é tão comum*, disse, *mas quando acontece é sempre com homem!*

Recentemente assisti a um comercial de televisão premiado no Festival de Cannes. Um *single*, com o filho de uns 5 anos, faz compras em um supermercado. Quando passam diante das batatas fritas, o menino põe um saquinho no carrinho de compras. O pai devolve o saquinho à prateleira. O filho fica bravo, pega outros dois e, olhando ferozmente para o pai, joga-os dentro do carrinho. O pai calmamente devolve os saquinhos, mas o filho começa a atirar no chão tudo o que o pai já tinha colocado no carrinho e, em seguida, se joga no chão e fica esperneando. Atônito, o pai nota que todo mundo está olhando para ele. Faz-se um *close* no rosto paralisado do pai e então vem o comercial: *Ah! Se tivesse usado camisinha...*

Isso significa que, para o cobra, o que interessa é eliminar o "mal pela raiz"... As polvos não acham muita graça nesse comercial.

Quando vai fazer compras, a polvo geralmente leva uma lista. Ela compara o preço dos artigos, as diferentes calorias dos produtos *light*, verifica a validade e a marca. Presta atenção em detalhes que parecem não existir para o cobra. Se a polvo não encontra o que procura, compra um substituto ou alternativo mesmo que seja para testar. Adora experimentar produtos e não se importa em pedir ajuda aos funcionários. É comum vê-la trocando receitas com outras freguesas na frente de uma prateleira ou na fila do caixa. Para ela, levar os filhos às compras não é problema, pois consegue distraí-los e fazer da ocasião um passeio.

Por essas diferenças é que, quando casados, polvo e cobra com frequência acabam brigando por causa do supermercado. Se ele faz a compra sozinho, ela reclama porque ele não verificou a validade, comprou marca diferente, não trouxe todos os produtos da lista, e por aí vai. Se vão juntos, o programa pode facilmente acabar em brigas, birras e trombas. Mas, se aproveitassem o que há de positivo no perfil de cada um, cobra e polvo poderiam transformar as compras em um programa romântico – com final feliz na cama, que é o que interessa para ele.

Já os *singles* informatizados aprendem a comprar bem, não importa se cobras ou polvos. O cobra tem mesmo é que se virar sozinho, sem a proteção dos tentáculos da mãe, da "ex" ou seja lá de quem for. E a polvo tem tantas atividades que o tempo se torna escasso e ela acaba focalizando o que precisa rapidinho. Arrisco-me a dizer que o cobra começa a apresentar alguns tentaculinhos, e a polvo pode abrir mão de alguns de seus muitos tentáculos.

Singles com os filhos no restaurante

Os filhos precisam comer, estejam com quem estiverem. É no restaurante que a educação aparece. Não há pai nem mãe que se orgulhem de um filho mal-educado à mesa. No máximo, podem fingir que não ligam. Mas ligam, ligam muito! Principalmente a polvo.

Em um restaurante com os filhos pequenos, a mãe *single* põe todos os tentáculos a serviço do comer bem e bonito. A preparação para o almoço começa em casa, quando ela tem de vestir as crianças para sair. Algumas são cordatas; outras, rebeldes, dão o contra a tudo, chegando ao ponto de dizer que nem estão com fome. Para cada situação, um tentáculo. A polvo consegue resolver tudo e lá se vão todos para o restaurante. Lá chegando, ela fala sobre tudo e todos, pergunta, comenta, orienta, impõe, proíbe, nega, consente, leva ao banheiro o mais apertado, pede e até suplica que não briguem... Se ela estivesse sendo filmada, veríamos quantas coisas faz ao mesmo tempo – e, o que é incrível, continua conversando. Ajuda o primeiro a cortar a carne e limpa a boca do segundo enquanto empurra o cotovelo do terceiro para fora da mesa... Não é à toa que a polvo está totalmente exaurida após essa tarefa de Hércules.

O cobra, em geral, recebe as crianças já vestidas. Portanto, vamos pular essa parte. Não só porque elas já estão vestidas, mas também porque o cobra não liga para roupa. Afinal, eles vão ao restaurante para comer, não para desfilar... Esperar para comer também não é muito do seu feitio. Se as crianças comem tudo o que é entrada e depois ficam horas escolhendo o prato, logo ouvem a ameaça de um *pit bull* rosnando com os dentes à mostra: ou escolhem ou vão comer o que vier, e ponto final. O cobra fala pouco, mas, quando fala, surge um clima tão constrangedor que só falta as crianças pedirem a presença da mãe-polvo para completar o fracasso do almoço.

O cobra costuma comer em silêncio e depressa (é para que outro não lhe tome a antropológica caça, isto é, a comida...). Prefere que o filho não perca tempo agitando um garfo com alguma comida espetada enquanto cutuca o irmão. Se é para conversar, que conversem sobre assuntos interessantes, como barcos, carros e motores em geral, e não fiquem se desgastando com provocações mútuas e assuntos que não levam a nada... Almoçar com o cobra é assim: comer rápido e falar logo o que há para falar. Ficar de gracinha, conversa mole e etiqueta é pura perda de tempo.

Os filhos de um casal separado, quando já têm idade suficiente para identificar o comportamento do cobra e o da polvo, podem aprender muito com essas diferenças. Mas os filhos pequenos, que ainda estão colhendo dados para formar seus pontos de vista, podem se atrapalhar com duas referências tão distintas. Se também reconhecessem essas diferenças, o cobra poderia aprender a curtir em vez de engolir a comida e a polvo também comeria um pouco melhor, deixando de usar todos os seus tentáculos para cuidar dos filhos, que assim poderiam comer sozinhos e ficar mais satisfeitos...

O rapto

Para começar, preciso dizer que esse caso aconteceu comigo. É verdadeiro, tenho testemunhas.

Era uma sexta-feira. Como sempre, acordo cedo, lá pelas 6 horas, preparo o café e vou chamar minha filha caçula. Ela de vez em quando demora para despertar, mas tenho um jeito legal de acordá-la: sempre faço perguntas difíceis de responder, como *qual é sua terceira aula?* Ela reclama, porém logo se levanta porque, como tem de pensar para responder, o cérebro faz que acorde.

Nesse dia, seguimos nossa rotina: tomamos café e nos preparamos para sair, pois eu lhe dou carona até a escola. Só acho estranho que meu filho e minha mulher, que costumam dormir até mais tarde, já se tenham levantado. Estão até se trocando e também vão sair. Pergunto aonde vão. *Ver um carro para comprar.* Em direção à porta, respondo: *Mas vocês não me falaram nada de carro...*

Entro no meu carro com a menina, e ele não pega. *Aconteceu alguma coisa,* penso. Depois de algumas tentativas frustadas, peço ao meu filho: *Você pode dar uma carona para sua irmã e me levar ao consultório?* Ele concorda. Entramos todos – eu, minha mulher e os dois – e, depois de deixar a menina, passo para o banco da frente.

Quando chegamos perto do consultório, entretanto, o carro se desvia para outra rua e segue na direção da Marginal Pinheiros. *Você esqueceu o caminho? O consultório ficou para trás,* digo, preocupado. *Sei, pai, mas acho melhor o senhor ver o carro com a gente.* Como ainda são 7 horas e meu primeiro compromisso, uma entrevista a um jornalista, é às 7h30, concordo, embora fique preocupado com o atraso. *Sexta-feira é dia de trânsito pesado, e não posso me atrasar...*

Pegamos a Marginal e, quando vejo que não dá mais para voltar, resolvo perguntar o que está acontecendo. *Nada, passei da entrada, vou mais para a frente e ali a gente volta.* Ouço uns risinhos às minhas costas, começo a achar tudo meio esquisito...

Só então reparo nas roupas que estou vestindo. Como minha mulher-polvo normalmente escolhe as roupas que uso e as deixa separadas na noite anterior, quando acordo eu nem reparo direito nelas, visto e pronto. Naquele dia eu estava com umas roupas bem bonitinhas. Talvez ela tivesse caprichado por ser sexta-feira... Olho para trás e percebo que ela me encara com um sorrisinho. Olhando melhor, noto que ela está usando botas. Mas para ver um carro precisa usar botas? Tudo isso me deixa inquieto...

E, de fato, só vim a saber do plano no aeroporto – era uma viagem para Buenos Aires. Conseguiram me enganar até chegar lá. Como eu estava trabalhando bastante, minha mulher resolveu tirar umas férias comigo e me raptou. Acabou formando uma confraria de polvos com minha secretária e minhas filhas.

Minha secretária tinha duas agendas: a real, com a minha mulher, e a falsa, comigo. E eu olhando a falsa: *Ah, então marca aqui a consulta, ali a entrevista.* A agenda que estava na minha cabeça era a falsa. Minha esposa combinou tudinho com a secretária: mudou a entrevista, mudou as consultas. Fez uma coisa perfeita. E eu viajei e, lógico, me diverti bastante, achei o passeio muito legal.

O mais engraçado foi não ter percebido nada: na quinta-feira à noite estava um rebuliço em casa com os preparativos da viagem. Meu genro foi embora cedo com a minha filha porque não aguenta essas coisas. Se ficasse mais um pouco ia dizer *boa viagem*, e eu poderia desconfiar. Esse meu genro é um cobra.

No prédio do meu consultório tenho um fiel escudeiro, meu zelador, com quem converso todos os dias. Ele é fiel mesmo. Por isso também foi enganado... Ninguém disse nada a ele porque acabaria me contando.

Enfim, conseguiram esconder de mim um projeto de quase quinze dias. Todo mundo trocando risinhos, e eu, o bobo aqui, nem percebi. Aliás, não percebi nada. E o resultado é que fiquei três dias com minha mulher em Buenos Aires sem nenhuma preocupação.

A grande ironia dessa história é que minha esposa sempre disse que seu maior gosto seria ganhar uma dessas promoções que ocorrem de vez em quando. Adoraria ser surpreendida na rua e receber uma ordem: *Você vai viajar agora, do jeito que está, com essa roupa e a bolsa. Vai para onde quiser, com tudo pago, ficar uma semana fora, isolada do mundo. E só pode dar um telefonema antes de embarcar.*

Esse é o maior sonho dela. Mas olhe só: recentemente, pouco antes de nossa filha caçula viajar para a Austrália, como minha mulher estava cansada e eu meio esgotado também, propus uma viagem de última hora: *Vamos sair em férias.* Ela respondeu: *E as crianças? E o Natal? E o* reveillon*? E a despedida da nossa filha, que vai viajar e,* *pela primeira vez, ficar quase dois meses fora sozinha?* Todas as preocupações normais de uma polvo... *E a casa, e a chácara, quem vai receber as pessoas?* E a cada pergunta eu dizia: *Não tem importância, vamos embora.*

Para realizar seu sonho, eu jamais poderia bolar um golpe como ela fez comigo porque ela não aceitaria, não iria viajar, ela se prende a coisas como essas. Por fim, consegui convencê-la. Estava difícil arrumar passagens, mas afinal viajamos para Nova York. Realmente foi muito bom. No Natal, porém, foi um inferno. Ela queria falar com todo mundo e não conseguia. Queria falar com o Brasil, queria falar com o Chile, queria falar com a Austrália, e não conseguia por causa dos fusos, porque o telefone não funcionava (ela levou um celular que não funcionava...).

Vi como é difícil para um cobra raptar uma polvo. E como é fácil para uma polvo raptar um cobra. A mulher se enrosca de tudo quanto é jeito... Até nas compras. Eu entro na loja, olho, vejo uma coisa legal, compro, pronto. Ela experimenta tudo e vai dizendo: *Este está apertado, mas serve para minha filha. Este está folgado, serve para a outra filha.* A mulher não se desliga.

Nessa história toda, o que achei superlegal é que, quando a polvo quer, consegue coisas do cobra que ele nem sonha, enquanto o cobra dificilmente consegue enganar uma mulher. Afinal, o cobra é uma limitação da polvo, só tem um tentáculo.

A mulher pode até sair e deixar a administração do lar e os filhos, mas a cabeça dela continua lá. Por isso é difícil raptar a polvo e dizer: *Você só pode dar um telefonema.* Isso mata a mulher, ela não pode se desligar de seus vários tentáculos. O homem, pelo contrário, só tem um tentáculo, um foco, é mais fácil se desligar.

O sonho dela é ser raptada, mas ela mesma não se permite realizar esse sonho porque vai se enroscando nas coisas. O homem não tem esse tipo de sonho, que ele detesta, pois fura sua programação, mas acaba caindo feito um patinho...

Se for para a felicidade geral da nação, diga à polvo que é bom que ocasionalmente o cobra seja enganado!

Idades sexuais

Considero muito importante conhecer as várias fases do desenvolvimento sexual ao longo da vida, desde a infância até a velhice, pois ao compreender melhor essas fases saberemos não só evitar os conflitos que elas trazem como também melhorar nosso relacionamento afetivo-sexual. Não se pode mais admitir que o homem continue agindo como macho quando ele precisa evoluir para o masculino, sendo ou não cobra. Já as mulheres, com a revolução sexual, queimaram seus sutiãs, mas muitas ainda continuam com suas calcinhas muito apertadas e é tempo de serem mais donas da própria sexualidade.

As piadinhas que ouvi na juventude me ensinaram um pouco sobre as fases do desenvolvimento sexual, que chamo aqui "idades sexuais". Até hoje ainda se contam essas anedotas – agora também nas páginas da internet, para divertimento da maioria dos plugados. Ao mesmo tempo que nos fazem rir, elas contêm referências a algumas angústias do ser humano. Aprender sobre as idades sexuais por meio de piadas tem a vantagem de atenuar esses sentimentos, tornando-nos mais íntimos dos nossos conflitos. Quanto mais informações tivermos, mais facilmente poderemos superar a angústia e partir para o desfrute da felicidade sexual que todos nós merecemos.

São cinco as idades sexuais do ser humano: do pombinho, do macaquinho, do urubu, da águia e do condor, papagaio ou pombo.

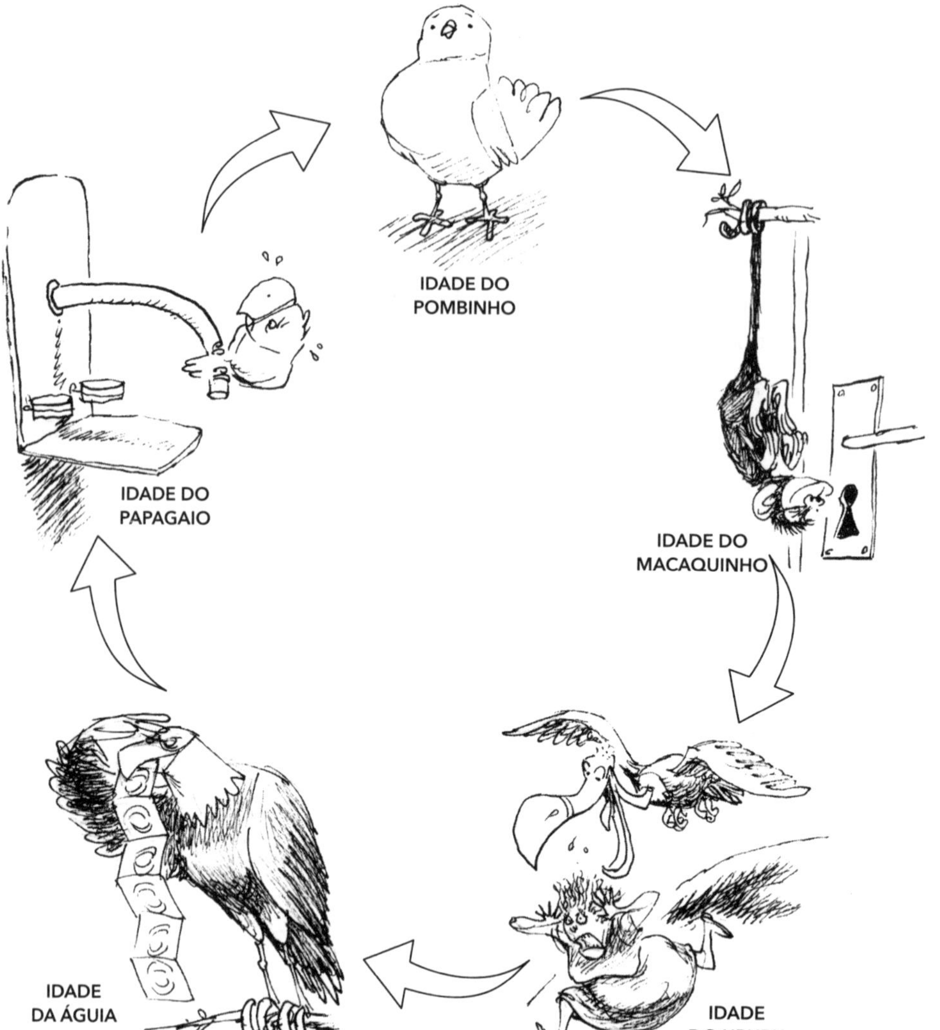
IDADE DO
POMBINHO
IDADE DO
MACAQUINHO
IDADE
DO URUBU
IDADE
DA ÁGUIA
IDADE DO
PAPAGAIO

Idade do pombinho

É a idade da inocência. O pombinho fica exposto, apoiado em dois ovinhos, espiando o mundo em volta. A pombinha fica menos exposta – na verdade, está cada vez mais escondida, inclusive da própria menina.

O pombinho pode ser tocado e mexido. Fica durinho e molinho. Seu maior feito é o jato, que surpreende quem troca as fraldas do nenê. A pombinha não pode ser tocada. Se a nenê quiser mexer nela, leva um tapinha na mão. E, assim, a menina sofre sua primeira repressão: na pombinha não se mexe. Tão secreta quanto a própria pombinha é a sua "produção", que se espalha na fralda.

Quem tem a esperança de que as crianças conservem para todo o sempre sua santa ingenuidade? Hoje, os pais já não são a única fonte de aprendizado nem de costumes. Pombinhas e pombinhos absorvem tudo o que veem ao redor, na televisão, na escolinha, com outras criancinhas (principalmente aquelas um pouco mais velhas).

Pais e mães não raro se espantam com as conversinhas das crianças – conversinhas como esta, entre um menino e uma menina de 4 anos. Eles estão entretidos com suas brincadeiras até que a menininha repara no menininho e pergunta, apontando o pombinho: *O que é isso?*

É o pipi que eu tenho e você não tem, responde orgulhosamente o menininho.

Então a menininha começa a olhar dentro de sua calcinha. O menininho, curioso, também quer ver. Ela lhe mostra sua pombinha, e ele pergunta: *O que é isso?*

É a pipia!, responde ela, com certo desdém.

E para que serve?, pergunta o menininho, ainda curioso.

Então a menininha responde, toda sabidinha: *Mamãe falou que serve para conseguir um monte de pipis...*

Assim, a inocência vai dando lugar a brincadeirinhas às vezes não tão inocentes.

Idade do macaquinho

É nessa idade que o menino começa a produzir mais testosterona, mas ainda não entende bem o que está lhe acontecendo. Ele sente uma comichão danada de mexer nos genitais, potencializada por uma incrível curiosidade pelo sexo feminino. O foco de sua atenção são os seios (cobertos, descobertos, semicobertos, disfarçados com preenchimentos, siliconados etc.) e os genitais (pelos pubianos, calcinhas e tudo o que remeter a eles). Os macaquinhos formam pequenos bandos para espiar frestas de portas, buracos de fechaduras, janelas etc. Fazem verdadeiras macaquices na tentativa de enxergar o que lhes interessa: deitam-se no chão, escalam muros, sobem em janelas.

As meninas curtem essa idade de modo diferente. Com grande alvoroço, elas se reúnem para falar de si mesmas, comentar sobre os rapazes, discutir o tamanho do pênis, e por aí vai. Tudo fica só entre elas. É nessa fase que algumas mostram interesse em conhecer o próprio corpo, examinando-se com espelhinhos.

Os garotos deixam o que estiverem fazendo para trancar-se no banheiro e estudar a própria "biologia sexual" – ou seja, masturbar-se. Mais do que a satisfação sexual, eles buscam quase angustiadamente seus espermatozoides. No meio da tarde, abandonam a lição e vão para o banheiro pesquisar se os espermatozoides já chegaram. Enquanto não encontram nada, ficam frustrados, mas não perdem a esperança. Quem sabe à noite, antes de se deitar, eles chegam... Até parece que tudo vai mudar quando isso acontecer.

Enquanto os meninos correm atrás dos espermatozoides, as meninas são surpreendidas pela menstruação – não ficam correndo atrás dela. Mesmo que algumas esperem ansiosamente pelo evento, nada se compara à ansiedade dos garotos.

Se os meninos se fixam somente nas partes femininas que lhes interessam, as garotinhas já estão à espera (ou na perseguição) do homem inteiro, o seu príncipe encantado. Em seus sonhos dourados, elas querem ser arrebatadas pelos braços do seu príncipe num beijo apaixonado para todo o sempre (amém!).

Nesse alvissareiro e tumultuado período, é inútil os pais tentarem interferir na vida sexual dos seus filhotões. E, porque os rapazes "descascam a sua banana" todos os dias, a fase é chamada de idade do macaquinho.

Todo adulto tem um ou outro amigo(a), quando não vários, que leva tudo na malícia e na brincadeira. A maioria, porém, já não "descasca a sua banana" diariamente. Se bem que sempre há os desesperados...

Idade do urubu

Nessa fase, o rapaz já tem espermatozoides e se lança freneticamente em busca de uma relação sexual, não importando com quem. Para o urubu, qualquer carniça é filé *mignon*. Preocupado com o próprio desempenho sexual, o urubu não está nem aí para a parceira. Pouco importa a origem ou o nível social dela, se tem dentes ou sua higiene. Na absoluta falta de opções, aqueles que moram no campo valem-se da "barranqueira", uma cabritinha que, conhecendo os costumes da rapaziada, se encosta num barranco para facilitar as coisas para eles.

Essa fase é dramática para as mães, que não se cansam de orientar e aconselhar seus doces filhinhos: *Relação sexual é um ato de amor, deve ser praticada com quem se ama, com responsabilidade etc. etc.* Eles respondem com um *tá bom, mãe,* mas, assim que se veem livres dela, vão correndo atrás das "barranqueiras"...

As polvos não entendem como alguém, principalmente seus queridos filhinhos, pode estar passando por essa fase. Parece que nada do que elas ensinaram vale nesse momento. É o grande conflito do instinto sexual *versus* educação. O instinto ganha de longe, e a educação tenta, pelo menos, minimizar as conseqüências. Para esses urubuzinhos, *mulher é a parte que atrapalha o que interessa!*

Para as meninas na idade do urubu, o importante é se apaixonar, não importando por quem. Um dia estão loucamente caídas por um rapaz; no dia seguinte, arremessam sua paixão sobre qualquer outro transeunte de sua vida, que sequer suspeita estar sendo alvo de alguém... Nessa fase, ganha força a polvo que existe dentro delas.

Hoje, o modo como as jovens vivem essa fase está mudando. Cada vez mais, o que interessa é com quantos elas "ficam" em uma balada. "Com quem" é o de menos; o que vale é "com quantos". Mas isso pode criar conflitos internos, pois ali ainda pulsam o ideal romântico e o amor platônico por rapazes um pouco mais velhos. Para os garotos, porém, não poderia haver nada melhor. Para eles, os romances já eram – o que vale é transar, cujo treino começa no "ficar".

O drama dos urubuzinhos é: como transar com quem quer se apaixonar? As urubuzinhas vivem esse drama às avessas: como se apaixonar por quem só quer transar?

Grandes problemas sexuais surgem do desencontro entre a urubu-polvo apaixonada e seu urubu-cobra. Se ela facilitar, a gravidez acontece. E aí surge outro grande drama: abortar ou não? Casar o urubu não quer; ele busca a satisfação sexual, e gravidez nem lhe passa pela cabeça. Segundo pesquisas recentes, uma em cada dez garotas engravida antes de chegar aos 15 anos de idade, o que comprova que elas se entregaram aos seus príncipes – mas eles, mesmo que tenham lhes declarado o maior amor do mundo, apenas funcionaram como urubus, independentemente de assumir a paternidade ou não.

Enquanto os cobrinhas "ficam" para atingir o orgasmo, as polvinhos querem é beijar, o que no máximo pode vir acompanhado de algumas intimidades. Mesmo que estejam a fim de transar, elas sempre controlam mais os seus desejos. Assim, os urubus avançam até onde suas "ficantes" permitem. Este é o exercício do cobra: correr atrás e abater.

A idade do urubu não se restringe a uma faixa etária; pode acompanhar o homem por toda a vida. Na senescência (a adolescência da velhice) ou mesmo na velhice, a idade do urubu faz dele um "velho safado". Nem a mulher escapa, transformando-se numa "velha assanhada".

Idade da águia

Assim é chamada a fase da maturidade sexual. Segundo critérios sócio-afetivo-sexuais, o ser humano está maduro para o sexo quando se encontra biologicamente apto a uma relação prazerosa, na qual haja envolvimento afetivo e plena condição de assumir o relacionamento (com as devidas consequências) perante a sociedade.

A águia é muito seletiva na escolha da presa. Com seu olhar aguçado, ela elege a vítima e ataca com a certeza de que irá abatê-la; nada resiste a seu bico.

A mulher-águia escolhe um homem capacitado para ser pai de seus filhos. Nessa escolha, ela leva em conta qualidades que demonstram ser ele um bom reprodutor, protetor e provedor, apto a dar a ela e aos filhos boa condição de sobrevivência. A mulher-águia tem um modo muito sutil de atacar seu eleito e envolvê-lo, fazendo-o crer que a conquista é dele. Mas a natureza biológica da mulher, sofisticada pelo "como somos", transforma essa busca em paixão e amor; ela se apaixona e quer dar filhos ao seu águia.

A motivação do homem-águia é espalhar seus genes por onde passa, ele usa suas habilidades de predador para seduzir as mulheres. Mesmo desejoso de que seu espermatozoide seja generosamente acolhido por um óvulo, o águia não está biologicamente destinado à paternidade. Mas o "como somos" faz o homem entender-se como pai e assumir suas responsabilidades. Graças a isso, as crianças têm a sobrevivência garantida pelos pais e crescem no seio de uma família. Elas vão captando o estilo águia de viver e, quando seus hormônios sexuais começarem a agir e a natureza pedir a perpetuação da espécie, lá estarão elas, adultas, pensando e agindo como águias...

Às vezes, alguns maridos e esposas exemplares desejam ter seus momentos de águia e partem para a traição fortuita. O homem tem uma desculpa antropológica para o comportamento águia, e a mulher o péssimo costume hormonal de querer também acasalar fora do ninho...

A mulher informatizada desenvolveu-se também sexualmente. Na transição entre a polvo submetida pelo machismo e a mulher-águia, houve muitas confusões comportamentais. A piada a seguir mostra a mulher-águia nos seus primeiros voos, quando começou a tomar a iniciativa sexual.

Numa roda de casais de amigos, o jovem marido José explica:

Resolvemos dormir em quartos separados. Somos um casal livre, sem preconceitos machistas.

Por quê?, os outros perguntam.

Porque assim não tenho que aguentar os pés gelados da Maria na parte mais quente e nobre do meu corpo nem Maria tem que suportar meus roncos.

E se você quiser transar?, um amigo questiona.

Dou um assobio forte e Maria entra no meu quarto!, responde orgulhosamente José, com ar de quem já superou essa questão.

Mas e se for o desejo da Maria?, pergunta uma das amigas.

Imediatamente José responde, com a anuência de Maria:

Ela bate de leve na minha porta, entreabre-a e pergunta: "José, você assobiou?"

Idade do condor, do papagaio ou do pombo

O corpo parece enferrujado para tudo – inclusive sexo – e a pessoa reclama: *Estou com dor aqui, com dor ali...* Daí a denominação idade do "com-dor". Tanto cobras quanto polvos padecem do problema. Se estão parados e começam a se movimentar, dói; se estão sentados e querem levantar-se, dói. Denominada de protocinética, essa dor tende a diminuir e até desaparecer assim que o corpo se movimenta.

Nessa idade, o cobra ainda produz espermatozoides e tem desejo sexual, mas nem sempre consegue manter a ereção. Mais do que praticar sexo, ele *fala* de sexo – surge, assim, o papagaio.

Quando falar de sexo não é suficiente para realizar o seu desejo, o papagaio pode resgatar o comportamento do macaquinho. Alvoroçado e falante, ele chega a ter atitudes inconvenientes com as polvos ao redor. Faz propostas sexuais que na maioria das vezes são rejeitadas, quer "passar a mão" e ficar pegando nelas – quando não tenta se encostar de modo lascivo e libidinoso. "Velho safado" é outro nome pelo qual o papagaio é conhecido.

Embora não admita, ele se masturba mesmo sem ter ereções. Já com o Viagra, que veio em sua salvação, o papagaio consegue ter relações plenamente satisfatórias. Para alguns, o estimulante faz o desempenho sexual ser até melhor do que nos tempos de águia. Quando isso acontece, o papagaio volta a ser águia: realiza-se sexualmente e também torna feliz a companheira, que pode até já ter desistido da vida sexual. E, assim, não precisa mais falar tanto em sexo, muito menos ser um "velho sem-vergonha".

As mulheres também vivem a sua fase de papagaio – um pouco mais tarde, talvez, pois cada vez mais conservam sua exuberância após a menopausa. Não é costume que a mulher fale de sexo em público, muito menos que fique correndo em busca de realizações sexuais. Então, como são as papagaios? Observe um passeio da terceira idade (ou da melhor idade, como preferem alguns integrantes dessa faixa etária) e poderá vê-las em ação, cheias de "estrogênio psíquico", alvoroçadas, alvissareiras, falando alto, tirando fotografias com o motorista, o guia turístico, o piloto. Por comportamento tão alegre e entusiasmado, frequentemente elas são chamadas "velhas assanhadas".

O que faz o homem entrar na idade do papagaio é a aposentadoria, que o torna ocioso. Na mulher, é mais difícil o papagaio aparecer porque polvo jamais se aposenta. Sempre acha o que fazer ou do que falar.

Idade do pombo é outro nome que se dá à fase do declínio sexual. Mas esse não é aquele pombo ingênuo, e sim o que só faz sujeira. Sujeitos a disfunções e doenças da próstata, os homens começam a ter dificuldade de controlar a bexiga e ficam com um característico cheiro de urina. Para completar, diminuem a frequência dos banhos e passam a dormir de roupa e tudo... A polvo, que sempre foi mais "limpinha" do que o cobra, dificilmente entra nessa idade. Afinal, ela não dispensa um bom banho nem a sua camisola preferida para dormir.

Rapidinhas, rápidas e longas

Rapidinhas

APELIDOS

♀ Se Adriana, Silvana, Débora e Luciana vão almoçar juntas, elas chamarão umas às outras de Dri, Sil, Dé e Lu.

♂ Se Leandro, Carlos, Roberto e João saem juntos, eles se referirão uns aos outros como Gordo, Cabeção, Rato e Negão.

COMENDO FORA

♂ Quando a conta chega, Paulo, Carlos, Roberto e João jogam na mesa R$ 20,00 cada um, mesmo sendo a conta de apenas R$ 32,50. Nenhum deles terá trocado e nenhum vai ao menos admitir que queira troco – logo, o troco será convertido em saideiras.

♀ Quando as garotas recebem sua conta, aparecem calculadoras e todas procuram pelas moedinhas exatas dentro da bolsa.

FILMES

♀ A ideia que uma mulher faz de um bom filme é aquele em que uma só pessoa morre bem devagarzinho, de preferência por amor.

♂ Um homem considera um bom filme aquele em que muita gente morre bem depressa, se possível com balas de metralhadora ou em espetaculares explosões.

DINHEIRO

♂ Um homem pagará R$ 2,00 por um item que vale R$ 1,00, mas de que ele precisa.

♀ Uma mulher pagará R$ 1,00 por um item que vale R$ 2,00, mas de que ela não precisa.

BANHEIROS

♂ Um homem tem seis itens em seu banheiro: escova de dentes, pente, espuma de barbear, barbeador, sabonete e uma toalha de hotel.

♀ A quantidade média de itens em um banheiro feminino é de 756: um homem não consegue identificar a maioria deles.

FUTURO

♀ Uma mulher se preocupa com o futuro até conseguir um marido.

♂ Um homem nunca se preocupa com o futuro até que consiga uma esposa.

MUDANÇAS

♀ Uma mulher se casa com um homem esperando que ele mude, mas ele não muda.

♂ Um homem se casa com uma mulher esperando que ela não mude, mas ela muda.

SUCESSO

♂ Atrás de um homem de sucesso tem sempre uma mulher.

♀ Atrás de um homem fracassado tem no mínimo duas mulheres...

FAZER DINHEIRO

♂ Um homem de sucesso é aquele que consegue ganhar mais dinheiro do que sua esposa consegue gastar.

♀ Uma mulher de sucesso é aquela que consegue encontrar este homem.

FELICIDADE

♀ Para ser feliz com um homem, você deve entendê-lo bastante e amá-lo um pouco.

♂ Para ser feliz com uma mulher, você deve amá-la bastante e jamais tentar entendê-la.

CASAMENTO

♀ Uma mulher costuma não se lembrar por que se casou com seu primeiro marido.

♂ Um homem costuma não fazer ideia de por que sua terceira mulher se divorciou dele.

LONGEVIDADE

♂ Homens casados vivem mais do que homens solteiros. No entanto, os homens casados são os que têm mais vontade de morrer.

DISCUSSÃO TÉCNICA

♀ Uma mulher sempre tem a última palavra em qualquer discussão.

♂ Qualquer coisa que um homem diga depois disso é o começo de uma nova discussão.

Rápidas...

ANTEPENÚLTIMA PALAVRA

♀ *Vá lavar a louça!* comanda a mulher para o marido.

♂ *O quê?*, responde o marido com autoridade.

♀ *Vá lavar a loouça!*, repete calmamente a mulher.

♂ *Está bem!*, responde amorosamente o marido resignado.

♂ ... mas este *o quê?* representa um resquício da dignidade masculina.

DIVIDINDO

♀ Uma mulher dividirá seus pensamentos e sentimentos mais profundos com um completo estranho que lhe dê atenção.

♂ Um homem só dividirá seus pensamentos e sentimentos mais profundos quando questionado por um advogado artimanhoso, sob juramento, e, mesmo assim, apenas quando isso puder diminuir a sua pena.

AMIZADE SINCERA

♀ A mulher encontra com outra na rua:
Nossa, como você tá linda!!!
Quando viram as costas vem o comentário: *Nossa, como ela tá gorda.*

♂ Um homem encontra com outro na rua:
Fala, seu gordo-careca-bichona!
Quando viram as costas vem o comentário: *Esse cara é gente fina!*

MATEMÁTICA DO AMOR

» Homem esperto + Mulher esperta = Romance

» Homem esperto + Mulher burra = Caso

» Homem burro + Mulher esperta = Casamento

» Homem burro + Mulher burra = Gravidez

PESQUISAS TELEFÔNICAS

♀ Certa noite uma mulher não voltou para casa... No dia seguinte, ela disse ao marido que tinha dormido na casa de uma amiga. Desconfiado, o homem telefonou para as dez melhores amigas da mulher, e... nenhuma sabia de nada...
Moral da história: ô raça desunida...

♂ Certa noite um homem não voltou para casa... No dia seguinte, ele disse à esposa que tinha dormido na casa de um amigo. Desconfiada, a mulher telefonou para os dez melhores amigos do marido, e... oito deles confirmaram que ele tinha passado a noite na casa deles e dois disseram que ele ainda estava lá!!!
Moral da história: ô raça danada!

CARRO

♂ Para o homem o carro é poder, força, *status*, preto ou cinza, com nome próprio FERA, MÁQUINA, MONSTRO, POSSANTE, e o cinto de segurança é uma prisão à sua liberdade.

♀ Para a mulher o carro é conforto, segurança, prazer, púrpura ou turquesa, camarim, com nome próprio BABY, BELEZOKA e outros afetos, e o cinto de segurança é um laço de proteção e amor.

TIPOS DE ORGASMOS FEMININOS

1. Asmática: Uhh... Uhhh... Uhhh...
2. Geográfica: Aqui, aqui, aqui, aqui...
3. Matemática: Mais, mais, mais, mais...
4. Religiosa: Ai meu Deus, ai meu Deus...
5. Suicida: Eu vou morrer, eu vou morrer...
6. Homicida: Não para, senão te maaaaaatoooo!!
7. Sorveteira: Ai Kibon, ai Kibon, ai Kibon...
8. Zootecnista: Vem, meu macho!!! Vem, meu macho!!!
9. Torcedora: Vai, vai, vai...
10. Professora de inglês: Ohhh!!! Yes!!! Ohhh...my God...!!!
11. Margarina: Que delícia, que delícia...
12. Negativa: Não... Não... Não...
13. Positiva: Sim... Sim... Sim...
14. Pornográfica: P... p...! F... p...!
15. Serpente indiana: Sssssssss... Sssssssss...
16. Professora: Sim... isso... por aí... exato... isso...
17. Sensitiva: Tô sentindo... tô sentindo...
18. Desinformada: O que é isso? O que é isso?
19. Degustadora: Ai, gostoso... gostoso... gostoso...
20. Cozinheira: Mexe... Mexe... Mexe...
21. Casada: Olha só, a empregada não limpou o lustre direito...

UM ÚNICO ORGASMO MASCULINO

Um explosivo aaaaaaaaahhhhhhh!... zzz ZZZ ZZZ!

Prolongadas...

NECESSIDADES SEXUAIS!

Eu nunca havia entendido por que as necessidades sexuais dos homens e das mulheres são tão diferentes. Nunca tinha entendido esse negócio de "Marte e Vênus".

E nunca tinha entendido por que os homens pensam com a cabeça e as mulheres com o coração.

Uma noite, semana passada, minha mulher e eu estávamos indo para a cama.

Bom, começamos a ficar à vontade, fazer carinhos, provocações, o maior "T" e, nesse momento, ela interrompeu e me disse:

– Acho que agora não quero, só quero que você me abrace...

Eu falei:

– O QUEEEEEEEEEEEEEEEEÊ???

Ela respondeu:

– Você não sabe se conectar com as minhas necessidades emocionais como mulher.

Comecei a pensar no que podia ter falhado. No final, assumi que aquela noite não ia rolar nada, virei e dormi.

No dia seguinte, fomos ao *shopping*. Entramos em uma grande loja de departamentos.

Fui dar uma volta enquanto ela experimentava três modelitos caríssimos.

Como não podia decidir por um ou outro, falei para comprar os três. Então, ela me falou que precisava de uns sapatos que combinassem, R$ 200,00 cada par. Respondi que tudo bem.

Depois fomos à seção de joalheria, onde ela escolheu um par de brincos de diamantes.

Estava tão emocionada! Deveria estar pensando que fiquei louco. Acho até que estava me testando quando pediu uma raquete de tênis, porque nem tênis ela joga. Acredito que acabei com seus esquemas e paradigmas quando falei que sim. Ela estava quase excitada sexualmente depois de tudo isso. Vocês tinham que ver a carinha dela, toda feliz!

Então ela falou:

– Vamos passar no caixa para pagar, amor?

Daí eu disse:

– Acho que agora não quero mais comprar tudo isso, meu bem... Só quero que você me abrace!!!

Ela ficou pálida. No momento em que começou a ficar com cara de querer me matar, falei:

– Você não sabe se conectar com as minhas necessidades financeiras de homem.

Vinguei-me... Mas acredito que o sexo acabou para mim até o Natal de 2010.

Texto publicado no site <http://www.boaspiadas.blogspot.com>

Respostas para o que você quer saber

Dedico este capítulo a John Gray, Allan e Barbara Pease e todos os autores que estudaram as especificidades dos gêneros masculino e feminino. Eles foram as inesgotáveis fontes nas quais me baseei para responder a dúvidas muito comuns sobre as diferenças entre os sexos. O esclarecimento dessas dúvidas alivia as pressões internas e externas do relacionamento entre homens e mulheres, tornando-o mais espontâneo e saudável.

Se você quiser saber mais sobre as diferenças cromossômicas e "como sômicas" entre os sexos, tornando-se assim mais consciente e feliz em seus relacionamentos, tome fôlego e leia mais este capítulo.

FALA

1 Por que as mulheres falam mais que os homens?

Na mulher, a região cerebral responsável pela fala é mais ativa que no homem. Isso é comprovado pelo exame de ressonância magnética do cérebro. Por ter mais capacidade de falar do que o homem, a mulher acaba usando integralmente essa capacidade e falando mais mesmo.

2 Por que as mulheres, quando chegam em casa depois do trabalho, ainda querem conversar?

Elas produzem de 6 a 8 mil palavras por dia, enquanto os homens produzem de 2 a 4 mil palavras. Eles, ao chegar em casa, tendem a ficar mais quietos porque já falaram o suficiente e precisam recuperar-se, enquanto as mulheres ainda têm muitas palavras para dizer. Em consequência disso, no final de um dia de trabalho, o casal entra em conflito: ele quer ficar quieto e ela quer falar.

3 Qual é a função da fala no homem e na mulher?

Os homens falam para comunicar fatos, enquanto as mulheres falam para se relacionar. Agora, é bom fazer dois esclarecimentos que podem evitar brigas. Primeiro: quando a mulher pergunta ao homem se ele não tem o que dizer, está querendo se relacionar – e não fazendo cobranças. Complicado, não? Segundo: quando um homem está calado, isso não significa que não queira se relacionar, mas apenas que quer ficar calado. Simples, não?

AUDIÇÃO

4 Por que o homem estressado pede para a mulher "calar a boca"?

Homem estressado quer silêncio. Ele precisa se concentrar na solução de seus problemas, e falar só aumenta o estresse. Nesse momento, qualquer estímulo externo – principalmente uma mulher a chicoteá-lo com palavras – atrapalha a concentração do homem. Mesmo que ele diga algo como *cale a boca, sua matraca!*, isso não significa que deseja brigar, mas apenas que quer silêncio ao redor. É só a mulher imaginar que o homem está com a arma apontada para uma importante caça ao mesmo tempo que um papagaio, pendurado na orelha dele, insiste em lhe falar e pedir que responda... É briga na certa! Depois que ele "abate" o problema, aí, sim, volta a ouvir.

5 Por que a mulher estressada precisa falar mesmo que não seja ouvida?

A mulher se alivia do estresse conforme deixa as palavras saírem pela boca. É como se ela precisasse descarregar as palavras, evitando que se acumulem na mente e acabem causando uma explosão. Uma mulher estressada precisa falar mesmo que aparentemente não seja ouvida. É isso que o homem não entende: como a mulher confidencia um problema para a amiga, e esta, em vez de lhe responder, a interrompe e conta o seu próprio problema? Parece que uma não ouviu a outra, mas, mesmo assim, as duas ficam aliviadas... Quando se abre com um amigo sobre algum problema, o homem se comunica de forma ordenada. Ele pergunta o que o amigo acha do problema e ouve a resposta em silêncio.

6 Por que o homem não escuta quando está fazendo alguma coisa?

Porque desenvolveu seu cérebro para atingir alvos móveis, isto é, caçar. A precisão para atingir a presa exige alto grau de concentração. Em compensação, enquanto o homem está concentrado, suas outras capacidades ficam fora do ar. Se ele está lendo, não consegue ouvir. Se está ouvindo, não consegue ler. Sua hiperconcentração é consequência do hiperdesenvolvimento do ato de focalizar, atingir e abater sua caça. É como se ele formasse uma espécie de túnel entre seus olhos e a caça, eliminando os demais estímulos ao redor. Assim, sua capacidade visual-espacial é mais desenvolvida que a das mulheres.

7 Será que, para o relacionamento dar certo, a mulher tem de ficar falando enquanto o homem finge que escuta?

Se é tão difícil para o homem ouvir alguém quando precisa de silêncio, uma alternativa para a mulher é conversar com outra pessoa enquanto o marido está recolhido em sua "caverna". Ela pode ligar para uma amiga e compartilhar seus problemas, por exemplo. Ele medita e se refaz no silêncio; ela se alivia soltando a língua. Depois de meia hora, ambos estarão ótimos e poderão se dar bem...

VISÃO

8 Por que o homem não sabe olhar disfarçadamente?

Porque a visão dele focaliza direta e rapidamente o objeto de sua atenção. É o que chamo "olhar em tubo". Quando sou reconhecido por uma mulher num restaurante, por exemplo, percebo que ela disfarça que me viu e sussurra algo ao companheiro. E fácil descobrir que ela deve ter dito algo como *benzinho, olha quem está aí, disfarça e dá uma espiadinha...* porque ele vira imediatamente a cabeça, me olha nos olhos e depois continua procurando o garçom, que geralmente está do outro lado do restaurante. Denunciada pela reação do marido, a mulher chega a corar, confirmando que meu palpite está correto.

9 Por que a mulher enxerga sem olhar diretamente?

Porque tem a visão periférica desenvolvida, muito mais ampla e eficiente que a do homem. A mulher pode ficar falando meia hora sobre tudo o que viu num bater de olhos. O homem que se cuide com essa visão periférica feminina, pois quando olha em tubo para alguém, a esposa percebe imediatamente o que está acontecendo e, sem desviar o olhar, sabe até quem está no foco de atenção dele. E ele nem se toca que ela percebeu tudo...

OLFATO

10 Por que o homem não se importa de soltar "puns"?

Em geral os homens reconhecem que soltam "puns" diariamente e se divertem com isso. Os meninos chegam a classificar seus gases intestinais pelo som, duração e odor. Alguns representantes do gênero masculino tentam até transformar o "pum" em um poderoso lança-chamas. Quando eu morava em uma república de estudantes, um colega nosso costumava chamar a turma para presenciar a queima de seu "pum". Ele se colocava na ridícula posição de frango assado, com um isqueiro aceso bem perto da saída do gás, e ficávamos todos impressionadíssimos com seu lança-chamas, que atingia quase um metro de comprimento... O "pum" exala gás sulfídrico, que, em contato com a chama, queima e se transforma em ácido sulfúrico, que não tem mau cheiro. É por isso que, para acabar com o mau cheiro deixado pelo "pum", basta acender um palito de fósforo por perto...

11 Por que para a mulher soltar um "pum" é um drama social?

Se produzir e eliminar gases é algo determinado pelos cromossomos, o "como somos" feminino considera isso uma tremenda falta de educação. O pudor feminino dava à minha turma, quando eu era rapaz, motivos para fazer uma tremenda gozação. Quando estávamos num elevador e havia uma mulher por perto, um de nós soltava um "pum" e todos passavam a dirigir olhares condenatórios à vítima. Ela se ruborizava de vergonha e simplesmente evaporava quando a porta do elevador se abria.

TATO

12 Por que a mulher fica tocando, acariciando e abraçando o homem, mas não quer fazer sexo?

Porque tocar, acariciar e abraçar faz parte das manifestações afetivas da mulher. Desde crianças elas se abraçam entre si, ficam de mãos dadas, dão beijinhos enquanto brincam, ao chegar à escola e ao se despedir. Para elas, tal comportamento é natural, desprovido de conteúdo sexual. Elas estendem esse comportamento aos menininhos com quem se sentem bem. Se não se encostam neles, é porque algo não vai bem.

Quando brincam de casinha, elas são quase autossuficientes, isto é, não dependem dos menininhos, pois uma delas faz o papel de pai se for necessário. Mas quando algum menininho insiste em participar da brincadeira, elas lhe atribuem o papel de pai. Então a "mãezinha" lhe dá um beijinho no rosto ou até mesmo um "selinho" rápido dizendo: *Pronto! Agora você vai trabalhar enquanto nós ficamos em casa.* E, para continuar brincando, ele tem de sair de verdade para trabalhar.

Na puberdade e na adolescência, as garotas continuam demonstrando afeto aos pais. A mãe as aceita muito bem, mas o pai-cobra já se sente pouco à vontade ao abraçar, acariciar e beijar a púbere, principalmente quando o corpo dela começa a tomar forma de mulher. E ele pode passar a evitar essas demonstrações pedindo modos e compostura, pois ela já está "ficando mocinha"...

Adultas, elas continuam como sempre foram com as amigas. Seriam assim também com os homens, caso eles aceitassem com naturalidade as demonstrações de afeto. Mas, dizem as polvos, *eles só pensam naquilo.*

É assim que as polvos entendem os toques do cobra: *ele está gostando de mim...*

13 Por que o homem só toca, acaricia e abraça a mulher quando está a fim de fazer sexo?

Homens preferem abraços fortes, de supetão, com barulhentos tapas nas costas para mostrar sua máscula energia e força. Nada de demonstrações mais suaves e sutis como beijinhos, mãos dadas ou coisas assim, que podem macular sua virilidade. É comum os meninos, os jovens e até alguns adultos socarem os amigos como manifestação de carinho, ao se encontrar e ao se despedir. Parece permanecer entre eles o antigo ritual primata de mostrar quem é o mais hábil e forte, quem grita mais alto etc.

Os meninos, quando encontram os amiguinhos, já saem correndo, sem precisar de aquecimento. Para que perder tempo com apertos de mão? Um pouco mais crescidinhos, nem beijinhos eles querem receber mais das tias afetuosas. Já nascem cobrinhas.

Na puberdade e na adolescência, com a sexualidade à flor da pele, não é à toa que detestam manifestações afetivas de mães, tias e avós, que insistem em *ficar pegando e beijando*. Afastam-se delas para evitar constrangimentos, alguma ereção involuntária. Os toques, carinhos, abraços e beijos têm destino certo para os cobras: a satisfação sexual. Senão, para que tudo isso?

É assim que os cobras entendem os toques da polvo: *se ela tocou, quer transar.*

CONCLUSÃO

É da natureza do homem e da mulher ter comportamentos distintos. Isso não significa, porém, que ambos tenham de se conformar com os desencontros e os conflitos que essas diferenças causam nem que estejam fadados a passar o restante da vida acumulando queixas e mágoas pelo que o parceiro fez ou deixou de fazer, disse ou deixou de dizer.

O homem e a mulher não são obrigados a seguir o que seus cromossomos ditam. Como seres inteligentes, ao reconhecer um comportamento jurássico, podem decidir mudá-lo. Se você já passou por situações parecidas com as vividas pela polvo e pelo cobra em nossas histórias ou identificou como seu algum comportamento desses protagonistas, talvez agora encare essas diferenças de outra forma. Afinal, o riso, além de aliviar a dor, faz pensar. Depois de ler este livro, sinto que você vai reconhecer com mais facilidade os seus comportamentos jurássicos e os de seu(sua) parceiro(a).

A polvo costuma se sobrecarregar de afazeres e depois dizer que o cobra não a ajuda! Pense nisto: muitas vezes ele não tem a mínima chance de ajudar ou, quando tem, talvez não se saia tão bem e enfrente a reprovação da polvo: *Você não sabe fazer nada direito mesmo...* É claro que, com um estímulo desses, ele nunca mais vai tentar.

O cobra também poderia ampliar um pouco a sua visão em tubo e abrir os olhos para o que acontece ao redor. Talvez com isso percebesse melhor as necessidades da polvo. Peço aos homens que sejam perseverantes em sua disposição de ajudar, pois as polvos são centralizadoras e acabam mesmo ocupando todos os espaços com seus tentáculos.

Gostaria de deixar a seguinte sugestão para as mulheres: quando perceberem que os homens estão agindo como cobra, lembrem isso a eles: *Você está funcionando como cobra! Vê se vira gente...* E, quando os homens sentirem que a mulher está tomando conta de tudo, mostrem isso a elas: *Lá vem a polvo! Vira gente, vai...* É importante falar, se não o outro nunca vai perceber a maneira como está agindo.

Acima do lado polvo e do lado cobra, o ser humano tem uma alma que anseia pela união prazerosa, harmoniosa e plena. Tem a capacidade de transformar-se e escrever uma nova história todos os dias. *Uma história com final feliz.*

BIBLIOGRAFIA

BERENSTEIN, Eliezer. *A Inteligência Hormonal da Mulher.* Rio de Janeiro: Objetiva, 2001.

COLER, Ricardo. *O Reino das Mulheres: o Último Matriarcado.* São Paulo: Editora Planeta do Brasil, 2008.

GRAY, John. *Homens são de Marte, Mulheres são de Vênus.* Rio de Janeiro: Rocco, 1995.

GRENSHAW, Thereza L. *A Alquimia do Amor e do Tesão.* Rio de Janeiro: Record, 1998.

MONTGOMERY, Malcolm. *A Mulher e os seus Hormônios... – enfim em paz.* São Paulo: Integrare Editora, 2006.

PEASE, Allan; PEASE, Barbara. *Por Que os Homens Fazem Sexo e as Mulheres Fazem Amor?* Rio de Janeiro: Sextante, 2000.

PEASE, Allan; PEASE, Barbara. *Por Que os Homens Mentem e as Mulheres Choram?* Rio de Janeiro: Sextante, 2003.

TIBA, Içami. *Quem Ama, Educa! Formando cidadãos éticos.* São Paulo: Integrare Editora, 2007.

TIBA, Içami. *Família de Alta Performance – Conceitos contemporâneos na educação.* São Paulo: Integrare Editora, 2009.

Sobre Içami Tiba

Filiação	Yuki Tiba e Kikue Tiba
Nascimento	15 de março de 1941, em Tapiraí/SP
1968	Formação: médico pela Faculdade de Medicina da Universidade de São Paulo – FMUSP.
1970	Especialização: Psiquiatra pelo Hospital das Clínicas da FMUSP.
1970-2009	Psicoterapeuta de adolescentes e consultor familiar em clínica particular.
1971-77	Psiquiatra-assistente do Departamento de Psiquiatria Infantil do Hospital das Clínicas da FMUSP.
1975	Especialização em Psicodrama pela Sociedade de Psicodrama de São Paulo.
1977	Graduação: professor-supervisor de Psicodrama de Adolescentes pela Federação Brasileira de Psicodrama.
1977-78	Presidente da Federação Brasileria de Psicodrama.
1977 a 1992	Professor de Psicodrama de Adolescentes no Instituto *Sedes Sapientiae,* em São Paulo.
1978	Presidente do I Congresso Brasileiro de Psicodrama.
1987-89	Colunista da TV Record no Programa *A mulher dá o recado.*

1989-90	Colunista da TV Bandeirantes no Programa *Dia a dia.*
1995 a 2009	Membro da Equipe Técnica da Associação Parceria Contra as Drogas – APCD.
1997 a 2006	Membro eleito do *Board of Directors of International Association of Group Psychotherapy.*
2000	Apresentador do programa semanal *Caminhos da Educação,* na Rede Vida de Televisão.
2001-02	Radialista, com o programa semanal *Papo Aberto com Tiba,* na Rádio FM Mundial.
2003-09	Conselheiro do Instituto Nacional de Capacitação e Educação para o Trabalho "Via de Acesso".
2005-09	Apresentador e Psiquiatra do programa semanal *Quem Ama, Educa,* na Rede Vida de Televisão.

- Professor de diversos cursos e workshops no Brasil e no exterior.
- Frequentes participações em programas de televisão e rádio.
- Inúmeras entrevistas na imprensa escrita e falada, leiga e especializada.
- Patrono da Livraria Siciliano do *Shopping* Pátio Brasil (Brasília).
- Mais de 3.300 palestras proferidas para empresas nacionais e multinacionais, escolas, associações, condomínios, instituições etc., no Brasil e no exterior.
- Criou a *Teoria Integração Relacional,* na qual se baseiam suas consultas, workshops, palestras, livros e vídeos.
- Tem 27 livros publicados. Ao todo, seus livros já venderam mais de 4.000.000 exemplares.
- Já atendeu a mais de 76.000 consultas a adolescentes e suas famílias.

LIVROS PUBLICADOS

1. *Sexo e Adolescência.* 10. ed. São Paulo: Ática, 1985.
2. *Puberdade e Adolescência.* 6 ed. São Paulo: Ágora, 1986.
3. *Saiba mais sobre Maconha e Jovens.* 6 ed. São Paulo: Ágora, 1989.
4. *123 Respostas sobre Drogas.* 3 ed. São Paulo: Scipione, 1994.
5. *Adolescência:* o despertar do sexo. 18 ed. São Paulo: Gente, 1994.
6. *Seja Feliz, Meu Filho!* 21 ed. São Paulo: Gente, 1995.
7. *Abaixo a Irritação:* como desarmar esta bomba-relógio do relacionamento familiar. 20 ed. São Paulo: Gente, 1995.
8. *Disciplina:* Limite na Medida Certa. 72 ed. São Paulo: Gente, 1996.
9. *O(a) executivo(a) & Sua Família*: o sucesso dos pais não garante a felicidade dos filhos. 8 ed São Paulo: Gente, 1998.
10. *Amor, Felicidade & Cia.* 7 ed. São Paulo: Gente, 1998.
11. *Ensinar Aprendendo:* como superar os desafios do Relacionamento Professor-aluno em tempos de Globalização. 24 ed. São Paulo: Gente, 1998.
12. *Anjos Caídos*: como prevenir e eliminar as drogas na vida do adolescente. 31 ed. São Paulo: Gente, 1999.
13. *Obrigado, Minha Esposa.* 2 ed. São Paulo: Gente, 2001.
14. *Quem Ama, Educa!* 164 ed. São Paulo: Gente, 2002.
15. *Homem Cobra, Mulher Polvo.* 29 ed. São Paulo: Gente, 2004.
16. *Adolescentes*: Quem Ama, Educa! 38 ed. São Paulo: Integrare, 2005.
17. *Disciplina:* limite na medida certa. Novos paradigmas na nova educação. 83 ed. São Paulo: Integrare, 2006.
18. *Ensinar Aprendendo.* Novos paradigmas na educação. 29 ed. São Paulo: Integrare, 2006.

19. *Seja Feliz, Meu Filho.* Edição Ampliada e atualizada. 27 ed. São Paulo: Integrare, 2006.
20. *Educação & Amor.* Coletânea de textos de Içami Tiba. 2 ed. São Paulo: Integrare, 2006.
21. *Juventude e Drogas:* Anjos Caídos. 9 ed. São Paulo: Integrare, 2007.
22. *Quem Ama, Educa!* Formando cidadãos éticos. 22 ed. São Paulo: Integrare, 2007.
23. Conversas com Içami Tiba – Volume 1. São Paulo: Integrare, 2008 *(Pocketbook).*
24. Conversas com Içami Tiba – Volume 2. São Paulo: Integrare, 2008 *(Pocketbook).*
25. Conversas com Içami Tiba – Volume 3. São Paulo: Integrare, 2008 *(Pocketbook).*
26. Conversas com Içami Tiba – Volume 4. São Paulo: Integrare, 2009 *(Pocketbook).*
27. *Família de Alta Performance.* Conceitos contemporâneos na educação. 11 ed. São Paulo: Integrare, 2009.

- Tem quatro livros adotados pelo Promed do FNDE (Fundo Nacional e Escolar de Desenvolvimento), Governo do Estado de S. Paulo – Programa de Melhoria e Expansão do Ensino Médio.
    - *Quem Ama, Educa!*;
    - *Disciplina:* Limite na Medida certa;
    - *Seja Feliz, Meu Filho*;
    - *Ensinar Aprendendo:* como superar os desafios do Relacionamento Professor-aluno em tempos de Globalização.

- O livro *Quem Ama, Educa!*, com mais de 560.000 exemplares vendidos, foi best-seller de 2003 segundo a revista *Veja*. Também é editado em Portugal (Editora Pergaminho), na Espanha (Editora Obelisco) e na Itália (Editora Itália Nuova) e em todos os países de língua espanhola (Santillana Ediciones).
- Produziu 12 Dvds educativos. 1. Adolescência. 2. Sexualidade na Adolescência. 3. Drogas. 4. Amizade. 5. Violência. 6. Educação na Infância. 7. Relação Pais e Filhos. 8. Disciplina e Educação. 9. Ensinar e Aprender. 10. Rebeldia e Onipotência Juvenil. 11. Escolha Profissional e Capacitação para a Vida. 12. Integração e Alfabetização Relacional divididos em 4 boxes com 3 Dvds cada, distribuídos e comercializados por TSP Editorial.
- Em pesquisa feita em março de 2004 pelo Ibope, a pedido do Conselho Federal de Psicologia, Içami Tiba foi o terceiro profissional mais admirado e tido como referência pelos psicólogos brasileiros, sendo Sigmund Freud o primeiro e Gustav Jung o segundo. A seguir, vêm Rogers, M. Klein, Winnicott e outros. (Publicada pelo *Psi* Jornal de Psicologia, CRP SP, n. 141, jul./set. 2004).

Contatos com o autor
IÇAMI TIBA
TEL./FAX (11) 3815-3059 e 3815-4460
SITE www.tiba.com.br
E-MAIL icami@tiba.com.br

Este livro foi impresso na
LIS GRÁFICA E EDITORA LTDA.
Rua Felício Antônio Alves, 370 – Bonsucesso
CEP 07175-450 – Guarulhos – SP
Fone: (11) 3382-0777 – Fax: (11) 3382-0778
lisgrafica@lisgrafica.com.br – www.lisgrafica.com.br